Brune | Lyrik unterrichten

Bildung und Unterricht

Carlo Brune

Lyrik unterrichten

Analyse, Didaktik, Unterrichtspraxis

Reclam

RECLAMS UNIVERSAL-BIBLIOTHEK Nr. 14468
2024 Philipp Reclam jun. Verlag GmbH,
Siemensstraße 32, 71254 Ditzingen
Gestaltung: Cornelia Feyll, Friedrich Forssman
Druck und Bindung: Esser printSolutions GmbH,
Untere Sonnenstraße 5, 84030 Ergolding
Printed in Germany 2024
RECLAM, UNIVERSAL-BIBLIOTHEK und
RECLAMS UNIVERSAL-BIBLIOTHEK sind eingetragene Marken der Philipp Reclam jun. GmbH & Co. KG, Stuttgart
ISBN 978-3-15-014468-8

www.reclam.de

Inhalt

1 Lyrik unterrichten: Ausgangsüberlegungen

1.1 Angst vor Gedichten?

»Lyrik nervt!« – Bis vor gut zehn Jahren fand sich dieser inzwischen zum geflügelten Wort gewordene Ausruf von Hans Magnus Enzensberger, den er unter dem Pseudonym Andreas Thalmayr zum Titel seiner 2004 erschienenen *Ersten Hilfe für gestreßte Leser* machte, zu Beginn vieler fachwissenschaftlicher wie fachdidaktischer Lyrik-Einführungen (vgl. etwa Ludwig 2005, S. VII). In jüngeren didaktischen Auseinandersetzungen mit dem Thema Lyrik ist Enzensbergers Statement einem anderen gewichen, und zwar dem von der »Angst vor Gedichten« (vgl. etwa Bers 2021).

Um die Lyrik scheint es folglich nicht gerade zum Besten zu stehen: Sie wird als schwierige und komplexe Gattung wahrgenommen, die scheinbar ein Großteil der Schülerinnen und Schüler »so weit wie möglich zu vermeiden« (Kepser/Abraham 2016, S. 179) sucht. Diese Beobachtung lässt sich sogar ausweiten, denn ähnliche Befindlichkeiten sind auch bei Studierenden, Referendarinnen und Referendaren bis hin zu Lehrkräften festzustellen. Kepser und Abraham machen hierfür Vermittlungsprozesse, »[n]egative Schulerfahrungen mit rituellen Gedichtstunden [...], aber auch wenig motivierende Ergebnisse in universitären Einführungsklausuren« (ebd.) verantwortlich. Empirische Untersuchungen bestätigen diesen Befund (vgl. Mayer 2019, S. 41 f.). Zugleich lässt sich »die Annahme vom schwierigen Gedicht« tatsächlich begründet »auf bestimmte strukturelle Charakteristika zurückführen« (Bers 2021, S. 79), wie z. B.

die sprachliche Dichte mit ihren oft starken Abweichungen von der Alltagssprache, die Überstrukturiertheit und die Selbstreflexivität sowie Performativität von Gedichten.

Interessanterweise wird aber auch – oft sogar im gleichen Atemzug – auf zwei gegenläufige Phänomene hingewiesen: Erstens auf die »Aufgeschlossenheit vieler Schulanfänger gegenüber der Lyrik« infolge ihrer literarischen Primärsozialisation, die der frühe Deutschunterricht dann allerdings verspiele (Pompe 2015, S. 7). Und zweitens auf die Tatsache, dass bei älteren Schülerinnen und Schülern trotz ihrer Ablehnung lyrischer Texte im Unterricht »sich Veranstaltungen wie der *Poetry Slam* oder Musikrichtungen wie der *Hiphop* einer großen Beliebtheit [erfreuen]« (Schilcher/Dürr 2013, S. 105), was in gleichem Maße für englisch- wie deutschsprachige Rock- und Popmusik gelte. Das häufig zu beobachtende Desinteresse an Gedichten sei deshalb insofern verwunderlich, als viele Jugendliche »tagtäglich Lyrik im weitesten Sinne [konsumieren], wenn sie Popmusik hören« (ebd., S. 118).

Auch wenn Popsongs anderen Rezeptionsbedingungen als Lyrik folgen,[1] so lassen sich aus diesen Beobachtungen für den Lyrikunterricht doch verschiedene Schlüsse ziehen: Zunächst einmal scheinen lyrische Formen – vor aller didaktischen ›Zurichtung‹ – auf durchaus offene Ohren zu stoßen, Freude und Faszination, nicht aber Abneigung und

1 Popsongs liegt im Gegensatz zu Lyrik eine intermediale Verbindung von Musik und Text zugrunde, sie werden oft nur beiläufig im Hintergrund wahrgenommen, ähnlich wie bei Poetry-Slams findet häufig auch keine wiederholte Auseinandersetzung mit ihnen statt und der Zeitraum der Rezeption ist i. d. R. kürzer als der der Lektüre eines Gedichtes.

Angst auszulösen. Als positiv empfunden wird dabei etwa der unkonventionelle und somit reizvolle Umgang mit dem Medium Sprache. Und auch das Bedürfnis junger Menschen, sich anhand künstlerischer Ausgestaltungen mit Fragen des eigenen Lebens und prägenden Erfahrungen auseinanderzusetzen, erfüllen viele lyrische Texte. Die häufig beobachtete Abneigung von Schülerinnen und Schülern gegenüber Lyrik scheint somit nicht so fundamental zu sein, als dass sie nicht aufgebrochen werden könnte. Hierfür gilt es, den Ursachen jener »Angst vor Gedichten« auf die Spur zu kommen. Da sie, wie erläutert, zum einen in den Vermittlungsformen (»stereotype Analysestunden«, Pompe 2015, S. 7) und zum anderen in der Komplexität der Gegenstände gründet, ist auf diesen beiden Ebenen nach möglicher Abhilfe zu suchen.

Auf der Ebene der Vermittlungsformen werden zwei Dinge relevant: Auf der einen Seite ist es Aufgabe des Lyrikunterrichts, Schülerinnen und Schülern Kenntnisse über zentrale Merkmale der Gattung – auch im historischen Wandel – zu vermitteln und ihnen ein analytisches Kompendium an die Hand zu geben, das ihren Blick auf diese Textform schult, genaue Wahrnehmungen sprachlicher Gestaltungsformen ermöglicht und ihnen so Vertrautheit und Sicherheit im Umgang mit Lyrik verschafft. Auf diese Aspekte gehen die Kapitel 2, 3 und 4 ein: Kapitel 2 befasst sich mit Merkmalen der Gattung, Kapitel 3 thematisiert die Veränderungen im Verlauf der Lyrikgeschichte, bevor in Kapitel 4 zentrale Analysekategorien vorgestellt werden. Auf der anderen Seite stehen die konkreten didaktischen Vermittlungsformen, die Kapitel 5 und 6 in den Blick nehmen. Dabei wird nach Wegen gesucht, Lyrik zu unterrichten, ohne dabei in ermüdende und festgefahrene Rituale zu verfallen; nach Wegen, die Schülerinnen und Schüler aktivieren, die es ihnen ermöglichen, Irritationen sowie Erfahrungen des Nichtverstehens produktiv für die Lektüre zu machen und die ihnen die Möglichkeit geben, je eigene Rezeptionswege zu verfolgen und die Gedichte so für sich – auch ganz buchstäblich – zum Klingen zu bringen. In Kapitel 5 geschieht dies mittels eines kurzen Überblicks über mögliche Unterrichtsverfahren und in Kapitel 6 in Form konkreter Vorschläge für unterrichtspraktische Umsetzungen am Beispiel von drei thematisch aufeinander bezogenen Gedichtpaaren, bei denen jeweils ein Gedicht aus dem Bereich der Gegenwartslyrik stammt.

Von den Vermittlungsformen zur Gegenstandsebene: Die Faszination, die für viele Jugendliche und junge Erwachsene von Popsongs und Poetry-Slams ausgeht, verdeutlicht die Notwendigkeit, das weitverbreitete Vorurteil: »Alle Gedichte sind besonders schwierige Texte« (Bers 2021, S. 78), aufzubrechen. Ziel ist es, zunächst einmal eine Offenheit für lyrische Sprachformen zu schaffen, an die sich dann auch mit Blick auf komplexere Texte anknüpfen lässt. Potential haben hier etwa neben den bereits genannten Formen des Popsongs und Poetry-Slams in unteren Klassenstufen gewiss auch Kinderlieder und Kindergedichte. So lassen sich gelungene Beispiele einzelner Poetry-Slams aus ihrer zunächst an simultane mündliche Kommunikation gebundenen Rezeption herauslösen und ihre sprachlich-klangliche Gestaltung und deren Wirkungsfunktionen untersuchen. In gleicher Weise eignen sich ästhetisch anspruchsvolle Lyrics von Popsongs in genauer, wiederholter Rezeption – auch hinsichtlich des Zusammenspiels von Text und Musik sowie ggf. den hierzu gedrehten Videoclips – als Gegenstand von Lyrikunterricht. Dabei sollten Popsongs nicht alleine als ›motivationaler Türöffner‹ für Lyrik dienen, sondern zugleich durch das musikalisch-klangliche Element zu einem zentralen Aspekt der lyrischen Sprachgestaltung führen (vgl. Odendahl 2019, S. 19).

1.2 Ein Beispiel: Das Kinderlied vom Butzemann

Um gleich zu Beginn das Potential sehr zugänglicher Gegenstände für den Lyrikunterricht zu demonstrieren, wird im Folgenden wenn auch nicht auf einen Popsong, so doch auf ein bekanntes Kinderlied eingegangen. Die folgenden vier Unterkapitel liefern zugleich zentrale Gründe, warum Lyrik ein wichtiger Gegenstand des Deutsch- bzw. Literaturunterrichts ist und welche übergeordneten Ziele sich hierbei verfolgen lassen.

Sprachlicher Klang und ästhetisch-sinnliches Erfahren

Bereits früh finden Kinder ausgeprägten Gefallen an Sprachspielen, Klangformen, Reimen, metrischen Mustern oder Wiederholungen von Lauten, Wörtern oder (Teil-)Sätzen (vgl. Schilcher/Dürr 2013, S. 105). Oft sind es diese für Lyrik typischen Formen, die grundlegende sprachliche Lernprozesse fördern und Kinder zugleich an genuin literarische Sprachverwendung heranführen (vgl. Bertram 2015, S. 33–43). Gemeint ist hiermit die bewusste Gestaltung und das Spiel mit der Materialität von Sprache, insbesondere mit ihrem Klang. Der Lyrikunterricht sollte sich dieses kindliche Interesse zu eigen machen.

Um zu verdeutlichen, wie dies möglich ist, wähle ich das bis heute populäre Kinderlied vom Butzemann als Beispiel. Das Lied, von dem es ganz unterschiedliche Varianten gibt, kann bereits im Vorschulalter eingesetzt werden: Die Hauptfigur des Lieds ist ein ursprünglich böser Kobold oder Zwerg, eine dämonische Schreckgestalt, die unartigen Kindern Angst einjagen soll: »Sprachlich ist Butz wohl vom mhd. *bôzen* ›schlagen‹ abzuleiten, was auch zur Bedeutung ›Poltergeist‹, ›Klopfgeist‹ paßt« (Petzoldt 2003, S. 45). Doch schon in der 1808 von Achim von Arnim und Clemens Brentano unter dem Titel »Butzemann« veröffentlichten Fassung, die sich im Anhang der Sammlung *Des Knaben Wunderhorn* als reine Textfassung ohne Melodie findet, ist ein erster Wandel der Figur feststellbar.

Fassung von 1808

Es tanzt ein Butzemann
In unserm Haus herum di dum,
Er rüttelt sich, er schüttelt sich,
Er wirft sein Säckchen hinter sich,
Es tanzt ein Butzemann
In unserm Haus herum.

In: Rölleke 1977. S. 314

Die angsteinflößenden Merkmale des Butzemanns fehlen bei dieser Fassung bzw. sind stark gemindert. Dies verdeutlichen bereits die ersten beiden Verse, und zwar nicht zuletzt über sprachliche Gestaltungstechniken auf der Klangebene: Das durchgängige jambische Metrum, das in der Liedform noch auffälliger wird und den Tanz des Butzemanns gewissermaßen nachbildet, steht im Zusammenhang dazu, dass die Figur auch auf semantischer Ebene nicht als Schreckgespenst erscheint. Einen ähnlichen Effekt erzielt die spielerisch wirkende Alliteration am Ende des zweiten Verses (»di dum«), die zugleich einen Binnenreim zu »herum« bildet. Sie verleiht dem Tanz des Butzemanns etwas dezidiert Fröhliches, Spielerisches. Diesen Eindruck verstärken die weiteren Binnenreime (»rüttelt«, »schüttelt«), der über den Parallelismus hergestellte ›Gleichklang‹ im fünften und sechsten Vers sowie das dort Verwendung findende Diminutiv (»Säckchen«).

Diese Fröhlichkeit spiegelt sich auch in den vertonten Fassungen, die in der Folge entstehen. So etwa auch in der folgenden Fassung, die erstmals 1853 nachgewiesen ist. Ihr liegt eine heiter klingende Melodie zugrunde, welche die spielerischen Klangeffekte des Textes verstärkt, wobei diese Melodie allerdings nicht der heute üblicherweise dem Text zugeordneten Tonfolge entspricht.[2]

Fassung von 1853

Es tanzt ein Bibabutzemann
in unserm Haus herum didum,
es tanzt ein Bibabutzemann
in unserm Haus herum.

2 Sie ist erstmals in einem Kasseler Kinderbuch aus dem Jahr 1911 nachgewiesen. Nur der mittlere Teil dieser Melodie entspricht der bei Wichern. Vgl. Widmaier 2012.

Er rüttelt sich, er schüttelt sich,
er wirft sein Säckchen hinter sich.
Es tanzt ein Bibabutzemann
in unserm Haus herum.

In: Wichern 1877. S. 31

Aus dem »Butzemann« ist nun ein »Bibabutzemann« geworden: Der Vorsatz der alliterativen Silbenfolge »Biba« mit ihren spielerischen Lautveränderungen nimmt der Figur jegliche Form von Bedrohlichkeit. Die folgende Wiederholung der ersten beiden Verse (nur um das abschließende »didum« gekürzt) verlängert im Zusammenspiel mit der Melodie den Tanz und das mögliche Vergnügen daran. Spätere wie auch aktuelle Fassungen knüpfen an diesen Wandel der Figur des Butzemanns an. Aus der einstigen Schreckgestalt ist nun endgültig ein freundlicher Kobold geworden, der Kindern Äpfel aus dem Säckchen schenkt.[3]

3 Vgl. etwa die folgende Version von Kalle Klang & Die Flohtöne (Musik) mit Illustrationen/Animation von Andreas Besser: www.youtube.com/watch?v=0cSI4_WeSCk (Stand: 12.1.2024). Unter den Interpreten des Lieds in der Gegenwart finden sich Künstlerinnen wie Nena (auf ihrem 1990 veröffentlichten Album *Komm, lieber Mai…*), die Metal-Band Hämatom (2005 auf dem Album *Nein*) oder die Jazzkantine auf ihrem 2012 erschienenen Album *Jazzkantine spielt Volkslieder*.

Bereits Vorschulkinder können folglich ganz spielerisch und implizit am Beispiel dieses scheinbar so simplen Kinderlieds zentrale Merkmale lyrischer Sprachgestaltung auf der Klangebene kennenlernen. Die Möglichkeiten des Grundschulunterrichts anhand des Lieds vom Butzemann, mit Lyrik vertraut zu machen, reichen jedoch deutlich weiter. So verdanken sich die gerade angesprochenen Klangspiele einem übergeordneten sprachlichen Verfahren, das sich auch auf anderen Ebenen finden lässt, nämlich Wiederholungsstrukturen. Dieses für Lyrik typische Merkmal ist für die meisten Kinder leicht erkennbar, insbesondere wenn sie sich ausreichend lange mit dem Lied befassen. Andernfalls lässt sich hierauf mit kurzen Impulsen hinführen – etwa mit der Frage, warum das Lied so große Freude bereitet. Neben dem erwähnten Spiel mit sprachlichen Klängen, das auf Wiederholungen in Form von Alliterationen, Binnen- und Endreimen sowie dem Metrum aufbaut, können die Schülerinnen und Schüler Vergleichbares sowohl auf der syntaktischen und semantischen Ebene als auch beim Strophen- bzw. Gedichtaufbau beobachten.

Beim Satzbau bilden in der zitierten Fassung von 1853, die sich bei Wichern findet, die Parallelismen in Vers 5 und 6 Wiederholungsstrukturen aus, die zudem durch den folgenden Binnenreim und den identischen Reim am Ende verstärkt werden. Auf semantischer Ebene sind es die dem Butzemann zugeschriebenen Tätigkeiten, nämlich sein Rütteln, sein Schütteln und das Werfen des Säckchens. Auf der Ebene der Gestaltung des gesamten Lieds fällt weiterhin die bereits angesprochene, gleich zweimalige Wiederholung der Eingangsverse auf: einmal mit einer kleinen Variation unmittelbar in den folgenden Versen 3 und 4, dann noch einmal (nun identisch zu Vers 3 und 4) zum Schluss. Diese insbesondere für Lieder typische wiederholte Abfolge bestimmter Textbausteine und Melodien, oft aufgeteilt in Strophe und Refrain, ggf. auch Bridge, verankert das Gehörte nachhaltig im Gedächtnis und führt gerade bei Melodien zum ›Ohrwurm‹-Effekt. Kinder, aber auch Erwachsene finden ein großes Gefallen hieran (zumal Popsongs ebenfalls mit solchen Wiederholungsstrukturen arbeiten).

Die beschriebenen Merkmale können bereits Kinder an eine übergeordnete Eigenart lyrischer Texte heranführen: Viele Regeln, die für unsere Alltagssprache gelten, haben dort keine Bedeutung – so etwa die Regel, Wiederholungen möglichst zu vermeiden oder präzise und ohne große Ausschmückungen zu kommunizieren, sich also sprachökonomisch auszudrücken. Der Literaturdidaktiker Günter Waldmann, einer der wichtigsten Vertreter des handlungs- und produktionsorientierten Literaturunterrichts, spricht diesbezüglich von einer formalen Differentialität lyrischer Sprache. Sie realisiere sich durch

> »sprachliche Überstrukturierungen verschiedener Art im Bereich des Lauts und des Klangs, des Worts, des Satzes und des Textes, die beispielsweise im phonologischen Bereich Metrum, Rhythmus, Reim, im semantischen Bereich Wortwiederholung, Leitmotiv, Metapher, im syntaktischen Bereich Enjambement, Inversion, Parallelismus, im textuellen Bereich Strophen- und Gedichtformen bildet.« (Waldmann 2006, S. 4)

Anhand der Überstrukturiertheit des Lieds vom Butzemann lernen bereits kleine Kinder zudem, dass Formen literarischer Sprachverwendung anders rezipiert werden wollen, als dies für alltagssprachliche Mitteilungen gilt: Das Lied lädt buchstäblich zum Mitmachen ein – zur eigenen Erfahrung des sprachlichen Spiels, aktiv wie passiv. Damit sind wir bereits bei den nächsten Merkmalen lyrischer Sprache, die sich an diesem Lied aufzeigen lassen.

Inhaltliche Differentialität und Performativität

Neben der formalen macht Waldmann auch eine inhaltliche Differentialität lyrischer sowie auch literarischer Sprache im Allgemeinen aus. Kurzgefasst bilden literarische Texte keine Wirklichkeit ab, sondern entwerfen fiktional gestaltete Welten, die auf unsere Realität Bezug nehmen, aber etwa zu veränderten Perspektiven auf diese führen können. Dieter Burdorf spricht in seiner *Einführung in die Gedichtanalyse* unter Rekurs auf Elke Austermühl von einer Offenheit des Wirklichkeitsbezugs, der die Leserinnen und Leser dazu aktiviere, Kontexte zu erschließen und Sinnzuschreibungen zu erproben (Burdorf 1997, S. 10).

Dass das Lied vom Butzemann keine Wirklichkeit abbildet, versteht sich heute wohl auch für kleine Kinder fast von selbst, obwohl ihr Fiktionsbewusstsein weniger stark ausgebildet ist als das älterer Kinder oder gar Erwachsener (vgl. Piaget 1972, S. 240–248). Das Lied entwirft eine eigene fiktionale Welt. Hierzu nutzt es neben den bereits erwähnten sprachlichen Gestaltungsmitteln eine weitere Technik, die mit der inhaltlichen Differentialität zusammenhängt: Die Frage, wer oder was sich genau hinter dem Butzemann verbirgt, bleibt offen. Und genau über diese Leerstelle aktiviert das Lied die Vorstellungskraft. Nach den beiden Eingangsversen, die die Figur einführen, wird sie anhand dreier Handlungen, die sich jedoch einer genauen Funktionsbeschreibung entziehen, näher bestimmt: »Er rüttelt sich, er schüttelt sich, / Er wirft sein Säckchen hinter sich«. Gewiss werden sich nicht nur Kinder, sondern auch Erwachsene den Handlungsträger und seinen Tanz vorstellen. Aufgrund der Unterbestimmtheit der Textinformationen dürften diese Vorstellungen jedoch recht stark voneinander abweichen.

Und so will das Lied wie viele andere lyrische Texte eher ›weitergetragen‹ und ›weitergespielt‹ als über sprachliche Begriffe festgeschrieben werden. Beim Butzemann laden Text und Liedform dazu ein, den sprachlichen Klang in körperliche Bewegung zu überführen: Der beschriebene Tanz der Figur kann in Bewegungsspielen mitvollzogen werden und so zur sinnlich-ästhetischen Erfahrung beitragen. Literaturwissenschaftlich spricht man in diesem Zusammenhang von der Performativität literarischer Texte, was bedeutet, dass sie eine Vollzugsdimension eröffnen. Dies geschieht, indem die Texte »vorführen, wovon sie sprechen«, und zugleich in eine »ästhetische Praxis« münden, bei der das auf inhaltlicher Ebene Inszenierte im Zuge der Rezeption individuell »erfahrbar« wird (vgl. Velten 2009, S. 550–552).

Kultur- und literaturgeschichtliche Kontextualisierungen

An diesem Kinderlied lassen sich folglich eine Vielzahl relevanter Fähigkeiten für lyrische Lernprozesse vermitteln. Dies gilt auch für einen erweiterten Einblick in die kulturgeschichtliche Bedingtheit und den literaturgeschichtlichen Wandel von Texten, etwa mit Blick auf ihre Motive. Dieser Aspekt ist essentiell, da Literatur wie alle gesellschaftlichen Diskurse von kulturell und historisch veränderbaren Bedingungen abhängig ist, was sowohl für bestimmte Schreib- bzw. Textformen als auch für ihre Inhalte gilt.

Der Wandel der Figur des Butzemanns von einer Schreckgestalt zu einem freundlichen Kobold bietet die Möglichkeit, Schülerinnen und Schüler mit der Geschichte des Motivs und so mit sehr unterschiedlichen Welt- und Menschenbildern vertraut zu machen. Entsprechende Grundlagen lassen sich bereits im Grundschulalter vermitteln, etwa indem man Kinder, die das Lied gehört haben, nach ihren Vorstellungen vom Butzemann fragt, und diese im Anschluss z. B. mit einer Darstellung des spanischen Pendants zum Butzemann, »El Coco« von Francisco de Goya (Abb. 1), vergleicht.[4] Goyas Radierung wurde 1799, nur wenige Jahre bevor das Lied vom Butzemann in *Des Knaben Wunderhorn* aufgenommen wurde, als Teil des Bildzyklus *Los Caprichos* veröffentlicht.

Schon Kinder im Grundschulalter können die voneinander abweichenden Figurendarstellungen erkennen – auch wenn diese an unterschiedliche Medien gebunden sind. Zudem können sie, wenn ihre Aufmerksamkeit hierauf gelenkt wird, Merkmale der sprachlichen Gestaltung benennen, die die Figur des Butzemanns im Kinderlied freundlicher erscheinen lassen.

4 Ggf. kann dies um Informationen angereichert werden, dass die Gestalt des Butzemanns in den Jahrhunderten zuvor als eine oftmals maskierte, vermummte Schreckgestalt kulturell etabliert war (vgl. Petzoldt 2003, S. 45).

Abb. 1: Francisco de Goya: Que viene el coco, Radierung, 1797/98

Dieser Wandlungsprozess der Figur lässt sich mit älteren Schülerinnen und Schülern anhand weiterer Kontexte ausarbeiten, die zwei thematische Schwerpunkte bilden: erstens die unterschiedlichen historischen Weltbilder, mit denen uns die Figur des Butzemanns konfrontiert; zweitens die verschiedenartigen Formen der Aktivierung kindlicher Phantasie und die dahinterstehenden Bilder von Kindheit sowie die hieraus resultierenden Erziehungskonzepten.

Zunächst zum ersten Punkt: Ausgehend von einer Konfrontation mit der einstigen Charakteristik der Figur als »Kinderscheuche«[5], etwa anhand der Ausführungen zum Butz als Hausgeist in Beitls *Untersuchungen zur Mythologie des Kindes* (vgl. Beitl 2007, S. 121–125), lassen sich Grundlagen des magisch-mythologischen Weltbildes des späten Mittelalters und der frühen Neuzeit erarbeiten. Diese dürften heute fremd anmuten, spielten in der Menschheitsgeschichte jedoch eine erhebliche Rolle für das Welt- und Selbstbild der Menschen – zumindest bis zur Aufklärung. Das Interesse der Romantik an diesen bereits um 1800 weitgehend der Vergangenheit angehörenden Weltbildern lässt sich nicht zuletzt mit der faszinierenden Wirkung übernatürlicher, magischer Kräfte erklären, die sich dem naturwissenschaftlichen Weltbild der Aufklärung entziehen.[6] Hinzu kommt eine Idealisierung und Simulation ei-

5 So die Kapitelüberschrift, unter der die Figur in den *Untersuchungen zur Mythologie des Kindes* von Richard Beitl abgehandelt wird (Beitl 2007, S. 98).

6 Vgl. hierzu Kremer/Kilcher 2015, S. 108 f. Kremer/Kilcher sprechen von einer »Rehabilitation des Mythos« (ebd., S. 108) in der Romantik, freilich unter genuin ästhetischen Vorzeichen.

nes vermeintlich authentischen, unverstellten »Volkstons« (vgl. Kremer/Kilcher 2015, S. 278), der zwei Ziele verfolgt:

Erstens die Überwindung einer Gegenwart, in der das Leben der Menschen infolge des naturwissenschaftlich-aufklärerischen Denkens sowie einer zunehmend nicht mehr in Frage gestellten Rationalisierung und Funktionalisierung aller Lebensabläufe als entfremdet angesehen wird. Der Rekurs auf Überlieferungen einer früheren, idealisierten bzw. allererst konstruierten ›goldenen Zeit‹, die es in neuer Form wiederzugewinnen gilt, bietet hier eine Fluchtperspektive.

Zweitens wird aber zumindest bei einem der beiden Herausgeber (Achim von Arnim) zugleich eine dezidiert nationale Perspektive verfolgt, die die deutsche Literatur als einen positiv besetzten Traditionsraum eröffnet, der etwa dem abgewerteten französischen Kulturraum gegenübergestellt wird. Der Rückbezug auf (vermeintlich) mündliche Überlieferungsstränge soll deren Ursprünglichkeit, Lebendigkeit und Authentizität verbürgen (vgl. ebd. S. 279).[7]

Diese Ausrichtung am hochgradig stilisierten Bild vom ›einfachen Volk‹ dokumentiert auch, dass die Sammlung auf mündlich tradierte Lieder zurückgreift, die gleichwohl u.a. durch die lyrische Form der Volksliedstrophe ästhetisch überformt sind (vgl. ebd., S. 279). Bezieht man diese Überlegungen mit in den Unterricht ein, lernen Schülerinnen und Schüler die Bedeutung bestimmter literarischer Formen nicht blind, sondern ausgehend von ihren jeweili-

7 Vgl. Kremer/Kilcher 2015, S. 278 f. Einer in Teilen vergleichbaren Programmatik folgt die ebenfalls zu dieser Zeit entstehende bekannte Sammlung der »Kinder- und Hausmärchen« der Gebrüder Grimm (vgl. ebd., S. 26.)

gen Funktionen. Denn die Volksliedstrophe, der das Lied vom Butzemann folgt[8], kann aufgrund ihrer recht offenen Struktur sich dem konventionellen Satzbau der deutschen Sprache anpassen und einen natürlich wirkenden Rhythmus in das Metrum integrieren (vgl. ebd., S. 278 f.).

Mit Blick auf die Veränderungen, die das Motiv des Butzemanns im Kontext dieser Liedsammlung erfährt, wird der zweite thematische Schwerpunkt relevant: Das Bild von der Kindheit beginnt sich im Verlauf des 17. und 18. Jahrhunderts fundamental zu wandeln. Der Historiker Philippe Ariès betitelt in seiner *Geschichte der Kindheit* (Ariès 2007) das zweite Kapitel mit »Die Entdeckung der Kindheit« und erklärt, dass erst in diesem Zeitraum die Kindheit als eine eigenständige, von der Erwachsenenwelt getrennte Lebensphase verstanden wird. Hiermit geht auch ein Wandel der Erziehungsvorstellungen einher, wie er sich etwa in Rousseaus *Emile* findet. Erziehung soll sich nun an den natürlichen Entwicklungsstufen des Kindes ausrichten. Eine ›schwarze Pädagogik‹, die zur Abschreckung und Mahnung die Existenz abschreckender Dämonen vorgaukelt, ist innerhalb eines solchen Konzepts nicht länger denkbar – auch wenn sie faktisch bis weit ins 20. Jahrhundert praktiziert wurde.

8 »Volksliedverse sind recht locker gefügt: grundsätzlich alternierend, häufig aber auch mit einer doppelten statt einer einzelnen Senkung. Nur die Hebungszahl ist festgelegt: Der Vers hat in einem Gedicht durchgehend entweder drei oder vier Hebungen (in manchen Gedichten wechseln sich auch vier- und dreihebige Verse ab). […] Die Volksliedstrophe besteht in den meisten Fällen aus vier Versen, die überwiegend Kreuzreim, oft aber auch Paarreim aufweisen, in jedem Fall aber gereimt sind […].« (Burdorf 1997, S. 80)

Vor dem Hintergrund dieser kultur- und literaturgeschichtlichen Zusammenhänge wird es den Schülerinnen und Schülern möglich, sich Kenntnisse über das den meisten seit ihrer Kindheit bekannte Lied vom Butzemann anzueignen, über dessen Hintergründe sie aber wohl nur wenig wissen (vgl. Rieken/Simon 2007, S. XI). Zugleich können sie erschließen, wie Lyrik einerseits eine Kinderschreckgestalt als reine Fiktion entlarvt, sie damit aber nicht im Sinne einer aufklärerisch-rationalen Kritik *ad acta* legt, sondern sie im Modus der Fiktion, im literarischen Spiel zu einem freundlichen Kobold umgestaltet, der die Kinder geradezu einlädt, mit ihm zu spielen und seinen Tanz mitzuvollziehen. Und so zeigt sich auch auf dieser Ebene, was ein scheinbar einfacher Gegenstand an Potential für den Lyrikunterricht bereithält – ohne dass die eingangs zitierte »Angst vor Gedichten« eintritt.

Gleichwohl bleibt es eine Herausforderung des Lyrikunterrichts, auch ästhetisch komplexe Texte so zu vermitteln, dass diese Angst nicht einsetzt. Hierfür sind ganz unterschiedliche Dinge nötig: grundlegende Kenntnisse über Charakteristiken und Geschichte der Gattung, ein für Schülerinnen und Schüler nachvollziehbares Kompendium zur Aneignung von Analysekategorien sowie variantenreiche, den individuellen Zugängen der Schülerinnen und Schüler Raum gebende und zugleich auf unterschiedliche Lernziele passgenau abgestimmte Unterrichtsverfahren. Zu all dem nun Genaueres.

2 Gattungsmerkmale: »Lyrik ist, wenn rechts was frei bleibt.« (Jochen Vogt)

Die Tatsache, dass ein Lied ausgewählt wurde, um in das Thema dieses Bandes einzuführen, weist bereits auf eine enge Verbindung von Lyrik und Musik hin. Diese lässt sich auch am Gattungsbegriff ablesen, leitet er sich doch »vom griechischen *lyrikos* her, der Adjektivbildung zu *lyra* (ein altgriechisches Zupfinstrument, Leier), die soviel wie ›zum Spiel der Lyra gehörig‹ bedeutet. [...] Lyrische Dichtung ist seit den frühen Kulturen zur Musik vorgetragene, also meist gesungene Dichtung.« (Burdorf 1997, S. 2) Zwar gibt es eine ganze Reihe von Gedichten, die nicht vertont bzw. nicht für eine Vertonung verfasst wurden, und Sangbarkeit stellt gerade in der modernen Lyrik für eine Vielzahl, vielleicht sogar den größeren Teil der seit dem späten 19. Jahrhundert publizierten Gedichte kein zentrales Kriterium mehr dar. Doch bleibt auch in diesen Fällen die Klangdimension lyrischer Sprache weiterhin von besonderer Bedeutung.

In diesem Kontext wird ein weiterer Aspekt relevant: Obwohl die meisten Menschen heute Gedichte vermutlich häufiger lesen als hören, so begegnet ihnen Lyrik doch »auch in der gesprochenen und in der gesungenen Sprache« (ebd., S. 22), ist also nicht auf das Medium Schrift beschränkt. Dieser Aspekt der Klangdimension untermauert die eingangs aufgestellte These, der zufolge die Popularität von Popsongs (als Form der gesungenen lyrischen Sprache[9]) und Poetry Slams (als Form der gesprochenen lyrischen Sprache) bei Jugendlichen ein zumindest latent vorhandenes Interesse an Lyrik offenbart.

Schließlich ist vorab noch eine terminologische Frage zu klären: Mit Burdorf sollen »die Begriffe ›Lyrik‹ und ›lyrisch‹ – dem heutigen alltagssprachlichen Gebrauch entsprechend – nicht vom Begriff ›Gedicht‹« (ebd., S. 20) getrennt werden. ›Lyrik‹ bezeichnet so die alle Gedichte umfassende Gattung, ›lyrisch‹ »die Zugehörigkeit eines Textes oder einer mündlichen Rede zu dieser Gattung« (ebd.). Auch die weiteren Ausführungen schließen eng an Burdorfs *Einführung in die Gedichtanalyse* an, gilt sie doch nach wie vor als maßgebliche literaturwissenschaftliche Publikation auf diesem Feld. Ziel ist es, die für den Literaturunterricht zentralen Charakteristiken von Lyrik komprimiert darzulegen. Auf Grenz- und Sonderfälle kann deshalb nicht oder nur am Rande eingegangen werden.

9 Hierbei ist zweifellos immer das Zusammenspiel von Musik und Text relevant; einzelne Künstler (etwa Bob Dylan oder Leonard Cohen) haben Songtexte aber auch unabhängig von ihrer musikalischen Gestaltung publiziert, so dass Burdorf zurecht darauf hinweist, dass »die Songtexte (englisch *lyrics*), die vereinzelt in der Beilage zu den Tonträgern abgedruckt sind, von der Literaturwissenschaft – von Ausnahmen abgesehen […] – bis heute vernachlässigt« (Burdorf 1997, S. 27) werden. Vgl. hinsichtlich kleiner Relativierungen mit Blick auf den aktuellen Forschungsstand Ammon/Petersdorff 2019.

2.1 Notwendige Merkmale

Versstruktur

Das im Schrifttext graphisch auffälligste Merkmal von Gedichten ist der bewusst gesetzte Zeilenumbruch, der – wie Vogt es in seiner eigenen Einschätzung etwas kalauernd beschreibt – einen Text dann als Lyrik ausweist, »wenn rechts was frei bleibt« (Vogt 2016, S. 140).[10] Hiermit einher geht in der Regel, zumindest bis zum Ende des 19. Jahrhunderts, die »Großschreibung am Versanfang« (Burdorf 1997, S. 12). Möglich sind weiterhin bewusst gestaltete Einrückungen, womit etwa Sonette oft arbeiten, so dass dann ›auch links noch was frei‹ bleibt.

Im Falle der gesprochenen oder gesungenen Sprache können an die Stelle der graphischen Markierung des Versumbruchs dem Prosarhythmus nicht entsprechende Pausen treten (vgl. ebd., S. 13), die so die geläufigen syntaktischen Muster und Ordnungen aufbrechen.

Nicht an die Versstruktur gekoppelt sind Reim und Metrum; beide bilden keine notwendigen Kriterien von Lyrik. Sie finden sich seit dem 18. Jahrhundert in vielen Gedichten nicht mehr, seit dem 20. Jahrhundert vermutlich in den meisten nicht.

Damit sind wir bei der eigentlichen Funktion der Rede in Versen: Sie führt dazu, dass geläufige, automatisiert wahr-

10 Auch Burdorf sieht diesen Punkt als zentrales Charakteristikum: »Das einzig eindeutig feststellbare Merkmal, das den größten Teil der heute als Gedichte bezeichneten Texte auszeichnet, ist die Versstruktur.« (Burdorf 1997, S. 11) Wenn Gedichte oder Lieder als Fließtext wiedergegeben werden, markieren Schrägstriche bzw. Virgeln (/) die Zeilenumbrüche.

genommene Satzstrukturen verändert werden. In der Folge bilden sich unter einzelnen Elementen des Gedichts eine Vielzahl neuer Bezüge aus, zu denen etwa folgende zählen:

- Anfangs- und Endworte eines Verses, denen eine herausgehobene Position zukommt;
- Syntaktische Figuren wie Parallelismen bei gleichartig gebauten Versen;
- Enjambements, die »neue Sinnzusammenhänge« (ebd.) dadurch herstellen können, dass eigentlich zusammengehörige Wortfolgen voneinander getrennt, also auf zwei Verse verteilt werden und so auch grammatisch neue Einheiten bilden;
- Isolation einzelner Begriffe in einem Vers, die so aus dem Satzzusammenhang herausgelöst werden und so veränderte Wirkungen entfalten.

Kurz gesagt: »Die Einheiten des Satzes und des Verses konkurrieren also miteinander und bilden ein Spannungsfeld.« (ebd.)

Für den Literaturunterricht ist dieses Kernkriterium der Versstruktur von Lyrik in seiner Bedeutung kaum zu überschätzen. Um den Blick der Schülerinnen und Schüler für die so geschaffenen Zusammenhänge zu schärfen, kann die Lehrkraft ihnen im Rahmen von handlungs- und produktionsorientierten Ansätzen[11] etwa ein Gedicht in Form eines fortlaufenden Textes an die Hand geben – mit der Aufgabenstellung, diesen Text in Verse zu unterteilen

11 Vgl. zu deren Möglichkeiten im Detail die Ausführungen im zweiten Teil des fünften Kapitels.

und so zu erproben, welche Wirkungen von bestimmten Gestaltungsoptionen ausgehen. Auch kann die Lehrkraft Schülerinnen und Schülern verschiedene Fassungen eines Gedichts mit voneinander abweichenden Versstrukturen präsentieren (von denen eine dem Original entsprechen sollte), damit diese vergleichend herausfinden, welche Sinnzuschreibungen durch die unterschiedlichen Versfügungen ermöglicht werden.

Ich möchte dieses Verfahren am Beispiel des Gedichts *Die Luft riecht schon nach Schnee* (1976) demonstrieren. Hierbei handelt es sich um eines der bekanntesten Gedichte von Sarah Kirsch (1935–2013), einer Lyrikerin der erweiterten Gegenwartsliteratur. Der Titel des Gedichts entspricht seinem ersten Vers. Thematisch handelt es sich um ein Liebesgedicht, in das allerdings Kälte, Tod und (Ab-) Sterben als weitere dominante Motive aus dem Bereich der Naturlyrik Eingang gefunden haben.

Zunächst wird den Schülerinnen und Schülern das Gedicht als Fließtext an die Hand gegeben. Die Interpunktion des Originals wird, da sie ohnehin weder regelkonform noch einheitlich ist, hierbei beibehalten, nur die Großschreibung am Versanfang wird zurückgesetzt, da ansonsten klare Hinweise auf die Verssetzung im Original gegeben wären:

> »Die Luft riecht schon nach Schnee, mein Geliebter trägt langes Haar, ach der Winter, der Winter der uns eng zusammenwirft steht vor der Tür, kommt mit dem Windhundgespann. Eisblumen streut er ans Fenster, die Kohlen glühen im Herd, und du Schönster Schneeweißer legst mir deinen Kopf in den Schoß Ich sage das ist der

Schlitten der nicht mehr hält, Schnee fällt uns mitten ins Herz, er glüht auf den Aschekübeln im Hof Darling flüstert die Amsel«

Die Schülerinnen und Schüler bekommen nun die Aufgabe, den Text in eine freie Versstruktur zu setzen.

Nachdem sie diese Aufgabe gelöst haben, werden etwa vierköpfige Arbeitsgruppen gebildet, in denen sich die Schülerinnen und Schüler gegenseitig ihre Versionen vorstellen und die jeweils gesetzten Versumbrüche begründen. Am Ende wählt jede Gruppe eine Fassung aus, die besonders reizvoll erscheint, und überreicht sie der Lehrkraft. Diese wählt zwei möglichst unterschiedliche Versionen aus und fügt das Original unbemerkt und ungekennzeichnet hinzu.

Im Anschluss untersucht die gesamte Lerngruppe diese drei Fassungen daraufhin, welche Wirkungen bei der Lektüre durch die unterschiedlichen Versanordnungen erzielt werden. Zum Schluss wird ›preisgegeben‹, bei welcher Fassung es sich um das Original handelt.

Auf diese Weise können Schülerinnen und Schülern sowohl durch das eigene Handeln und dessen Begründung als auch über die genaue Auseinandersetzung mit alternativen Varianten erfahren, wie entscheidend die Fragen der Versgestaltung für ein Gedicht sind: Wo endet ein Vers? Womit beginnt er? Welche Begriffe werden durch einen Vers miteinander verbunden, welche voneinander getrennt? Und welche Bedeutungsfunktion hat die Kürze oder Länge von Versen?

Anhand einer kurzen Textanalyse des Originals arbeite ich diese Aspekte im Folgenden heraus:

Die Luft riecht schon nach Schnee

Die Luft riecht schon nach Schnee, mein Geliebter
Trägt langes Haar, ach der Winter, der Winter der uns
Eng zusammenwirft steht vor der Tür, kommt
Mit dem Windhundgespann. Eisblumen
Streut er ans Fenster, die Kohlen glühen im Herd, und
Du Schönster Schneeweißer legst mir deinen Kopf
in den Schoß
Ich sage das ist
Der Schlitten der nicht mehr hält, Schnee fällt uns
Mitten ins Herz, er glüht
Auf den Aschekübeln im Hof Darling
flüstert die Amsel

Kirsch 2005, S. 132. –

Schon gleich im Übergang von Vers 1 zu Vers 2 zeigt sich, wie gegenläufig Satz- und Versstruktur sein können und wie sich hierüber Bedeutungen aufbauen. Nach der Beschreibung einer Sinneswahrnehmung (»Die Luft riecht schon nach Schnee«), die in die Thematik des Gedichts – die Erwartung eines kommenden Winters – einführt, erscheint der Satzteil »mein Geliebter« zunächst als Anrede. Aufgrund eines fehlenden Satzabschlusszeichens wird dieser Satzteil aber zugleich als Enjambement an den zweiten Vers anschließbar und fungiert dann als Subjekt. Aus diesem »Ineinander-Verketten der grammatischen Einheiten« (Hinck 2001, S. 197) geht Mehrdeutigkeit hervor: Im vorliegenden Fall lassen sich zwei Sätze mit jeweils unterschiedlichen Aussagen bilden.[12] Eine Anrede des Geliebten findet, liest man das Ende des Verses als Subjekt eines sich im zweiten Vers fortsetzenden Hauptsatzes, nicht mehr statt. Vermutlich werden viele Schülerinnen und Schüler, präsentiert man ihnen das Gedicht als Fließtext, bei diesen beiden Versen eher eine konventionellere Versordnung wählen, etwa so: »Die Luft riecht schon nach Schnee, / mein Geliebter trägt langes Haar / ach der Winter«. Bei einem Vergleich von Original und Schülerversion geht es nicht um ›schlechter‹ oder ›besser‹, sondern schlicht darum aufzuzeigen, wie sich über die Versordnung Sinnzuschreibungen aufbauen und verändern.

Auch im Übergang von Vers 2 zu Vers 3 findet sich ein Enjambement, das die geläufige Satzstruktur aufbricht. Konventioneller wäre es, nach dem Ausruf »ach der Winter« den Vers zu beenden; stattdessen schließt sich noch der Beginn eines Relativsatzes an. Durch diese Versstruktur werden in diesem Fall zwar keine unterschiedlich ausdeutbaren Satzstrukturen gebildet, doch ein anderes interessantes Phänomen ist zu beobachten: Der Versumbruch trennt die Begriffe »uns« und »eng« voneinander, was sich deuten lässt: So »eng« ist das »uns« dann offenbar doch nicht mehr miteinander verbunden – zumindest bleibt der Nähe eine Ferne eingeschrieben, in der sprachlichen Form des Gedichts wie in seinen Aussagen. Zu diesem Eindruck trägt auch das Verb »zusammenwirft« bei, das unmittelbar folgt.

12 Aus genau diesem Grund macht es im Unterricht auch keinen Sinn, Inhaltsangaben zu Gedichten schreiben zu lassen. Die sprachliche Gestaltung von Gedichten ist oftmals darauf angelegt, inhaltliche Mehrdeutigkeiten zu provozieren.

Die Gemeinschaft der (nicht mehr?) Liebenden scheint eher durch äußere, nicht beeinflussbare Kräfte als durch innere Motivation zu entstehen. Diese Deutung verstärkend, ruft auch die folgende Metapher des »Windhundgespann[s]«, mit dem der Winter käme, eher die Vorstellung einer Hetzjagd denn die einer romantischer Zweisamkeit auf.

Das am Ende des dritten Verses stehende Verb »kommt« wird auf den im zweiten Vers begonnenen und im vierten erst vollendeten Relativsatz zurückbezogen (»ach der Winter [...] kommt / Mit dem Windhundgespann«). Auch hier laufen Satz- und Versstruktur auseinander, ein Hauptsatz wird auf drei Verse verteilt, was sprachlich einen Eindruck von Zerrissenheit vermittelt, der mit der Thematik des Gedichts korrespondiert. Der Abbruch des Satzes nach dem Verb »kommt« hebt dieses Motiv noch einmal hervor und verweist zum einen auf die Unausweichlichkeit des kommenden Winters, bindet auf sprachlicher Ebene aber andererseits durch die fehlenden Kommata beim zweiten Relativsatz (»der uns / Eng zusammenwirft«) den erwarteten Winter und das Paar noch stärker (allerdings nur in Form einer äußeren Macht) aneinander. Wiederum gegen die syntaktische Ordnung verstößt der nächste Versumbruch von Vers 4 zu Vers 5: Die »Eisblumen« sind auch, da sie unmittelbar an das »Windhundgespann« gebunden werden, so ambivalent besetzt, dass sie weniger heimelige Winterromantik als vielmehr Ungemütlichkeit und Kälte vermitteln.

In den hierzu wiederum gegenläufigen Bildern des sechsten und siebten Verses scheint sich zunächst eine »Sehnsucht nach Geborgenheit« zu bekunden, »die uns im Märchenton von ›Schönster Schneeweißer‹, von der Zeitlosigkeit der Gefühle erzählen will« (Bienek 1985, S. 235). Doch bei genauerer Betrachtung wird auch hier bald deutlich, dass es nach dem Feuer nur noch die schon verlöschende Kohlenglut ist, die den Herd wärmt, und die Anrede des Geliebten als »Schönster Schneeweißer« viel eher das Winter- und Kältemotiv als märchenhafte Zweisamkeit konnotiert. Denn die Liebe und Vertrautheit signalisierende Geste des in den Schoß gelegten Kopfes (vgl. Demmer 1982, S. 353) verweist – liest man den Schoß als erotische Chiffre – über das Motiv des Schnees und der Kälte nur noch auf erloschene Leidenschaft. Während dieses Bild den längsten Vers des Gedichts bildet, macht der darauf folgende kürzeste gerade in seiner Lakonie nun deutlich, dass ganz buchstäblich hinter jener »Sehnsucht nach Geborgenheit [...] das Ende [lauert], die Einsamkeit, die Kälte« (Bienek 1985, S. 235). Und so wird der Schlitten, von dem im folgenden achten Vers die Rede ist, zu einem, »der nicht mehr hält«, was mit der durch die Vielzahl von Enjambements aufgelösten syntaktischen Ordnung auf Ebene der Versstruktur korrespondiert.

Die beiden Schlussverse fügen sich auch mit Blick auf ihre sprachliche Gestaltung mit den Anfangsversen zu einem Rahmen, findet sich hier doch ein ähnliches Spiel mit dem Enjambement wie zu Beginn des Gedichts: Der bereits zuvor angesprochene Schnee, der »[m]itten ins Herz« fällt, »glüht« – doch leider, so liest man weiter, nicht ebendort, sondern nur »[a]uf den Aschekübeln im Hof«. Immerhin: Ganz am Ende verheißt der geflüsterte Ruf »Darling« der Amsel, im Norden Deutschlands ein Zugvogel, einen neuen Frühling. Das englische Fremdwort verursacht einen neuen stilistischen Bruch, es ist »eher der Schlagersprache als dem lyrischen Vokabular zugeordnet« (Demmer 1982, S. 355). So kann es entweder als »Entpoetisierung« der Vorstellung romantischer Liebe im Allgemeinen oder als »private Formel für Glück« gelesen werden (sofern »der ›Vertrauenseffekt‹ [Politzer] – die Happy-end-Assoziation – dominiert«; ebd.) In jedem Fall liegen glühende Leidenschaft und zynisch-kalte Dekonstruktion hier nah beieinander.

Die Versstruktur des Gedichts arbeitet so gezielt mit Brüchen, mit Satzfragmenten und Irritationen, was den ambivalenten Bildern, die das Gedicht entwirft, und seiner Thematik entspricht. Der Vers, dessen Begriff sich etymologisch vom Partizip Perfekt Passiv des lateinischen Verbs *vertere* ableitet, was im Deutschen so viel wie ›kehren‹, ›wenden‹ oder ›drehen‹ bedeutet, sorgt nicht nur in diesem Beispiel buchstäblich immer wieder für Neuausrichtungen möglicher Sinnzuschreibungen. Mit dem dargelegten Verfahren der Verssetzung können Schülerinnen und Schüler sich diese selbst produktiv erschließen.

Obgleich der Vers so zum *entscheidenden* Kriterium der Gattung wird, bildet er noch kein *hinreichendes*, denn Verse finden auch in Dramen oder epischen Erzählungen Verwendung. Zur diesbezüglichen Abgrenzung müssen zwei weitere, faktisch diese Formen ausschließende Kriterien hinzugezogen werden.

Nicht auf szenische Aufführung angelegt

Eines der wohl berühmtesten Dramen der deutschen Literaturgeschichte, Goethes *Faust*, ist, was seinen ersten und zweiten Teil betrifft (abgesehen von der Szene »Trüber Tag. Feld«), durchgehend in Versen verfasst, beileibe aber kein

Gedicht. Der entscheidende Unterschied lässt sich leicht ausmachen: Während Goethes *Faust* – so wie Dramen im Allgemeinen – auf eine Bühnenaufführung hin angelegt ist, ist »kein Gedicht, auch kein Rollengedicht und keine Ballade, geschrieben worden, um szenisch realisiert zu werden« (Burdorf 1997, S. 18), sie sind keine Rollenspiele (vgl. ebd., S. 21).

Dieter Lamping definiert in diesem Zusammenhang lyrische Rede als »Einzelrede in Versen« (Lamping 2000, S. 63) und versteht darunter, dass sie als

> »Einzelrede grundsätzlich monologisch [sei], monologisch aber nicht im engeren Sinn des Sprecher-, sondern im weiteren Sinn des Rede-Kriteriums. Sie stellt eine *einzelne*, in sich geschlossene Äußerung dar, die nicht die Äußerung eines einzelnen Sprechers sein muss, sondern ebensogut auch die gemeinsame Rede mehrerer Sprecher sein kann. Als Einzelrede unterscheidet sie sich grundlegend von aller Rede, die aus mehr als einer Äußerung besteht, insbesondere von dialogischer Rede.« (Ebd., S. 64)

Hiermit ist eine hinreichend präzise Abgrenzung lyrischer Sprachformen zu dem Gebrauch, den das Drama von Versen macht, möglich.

Relative Kürze

Ein wenig problematischer wird die Abgrenzung zu erzählenden Formen, in denen Verse verwendet werden. So gibt es auf der einen Seite die sog. narrative Poesie, d. h. Gedichte, die sich erzählender Strukturen bedienen, wie etwa die Ballade, aber auch eine ganze Reihe von Popsongs, die sich dies zunutze machen, so etwa Bob Dylans »Simple Twist of Fate« oder Leonard Cohens »Suzanne«. Andererseits bedienen sich epische Erzählungen oftmals der Versstruktur; das beginnt beim antiken Heldenepos, reicht aber bis in die Gegenwart, etwa zu dem im Jahr 2020 erschienenen Text *Annette, ein Heldinnenepos* von Anne Weber. Niemand käme bei diesem mit dem Deutschen Buchpreis für den besten Roman ausgezeichneten Text, dessen Untertitel bereits auf die antike Erzählform zurückverweist, auf die Idee, ihn als Langgedicht zu bezeichnen.

Nimmt man das mögliche Abgrenzungskriterium der relativen Kürze von Lyrik, macht man sich zumindest in Teilen angreifbar, da es Schwächen hat, etwa mit Blick darauf, wo genau die Grenze anzusetzen wäre, ab der ein Text »so lang ist, daß er nicht mehr in die als ›kurz‹ definierte Gattung passt« (Burdorf 1997, S. 8). Gleichwohl muss die Gegenfrage gestellt werden: Welche Kriterien haben diejenigen, die das Kriterium der relativen Kürze, so weich und unbefriedigend es sein mag, ablehnen? Burdorf kommt implizit am Ende dann auch nicht um dieses Kriterium herum und muss nur wenige Seiten nach seiner Ablehnung mit Blick auf die Problematik einer Abgrenzung von Gedichten, die sich erzählender Vermittlungsformen bedienen, zu Versepen konzedieren:

> »In solchen Fällen treten Merkmale hinzu, die für sich genommen keine eindeutigen Kriterien für die Zugehörigkeit zur Gattung Lyrik sind, aber zur Unterscheidung verschiedener erzählender Verdichtungen hilfreich sein

können, vor allem die Kürze. Die Unschärfe dieses Kriteriums macht jedoch fließende Übergänge in diesem Bereich unvermeidlich.« (Ebd., S. 19)

Zusammenfassend lässt sich festhalten, dass sich auf das Kriterium der relativen Kürze zur Abgrenzung gegenüber epischen Verserzählungen kaum verzichten lässt – im Bewusstsein, dass es sich um ein relatives Kriterium handelt, das Grenzfälle produziert, die dann nur unter Rekurs auf die im Folgenden näher erläuterten akzidentiellen, also zwar oft beobachtbaren, aber nicht notwendigen Merkmale von Lyrik bestimmt werden können. (So dies denn überhaupt notwendig ist und man es nicht dabei belassen kann, einzelne Texte als Grenzgänger zu deklarieren. Mit Grauzonen lebt die Literaturwissenschaft wie jede andere Wissenschaft auch in anderen Bereichen.)

2.2 Akzidentielle Merkmale

Die bisher genannten Merkmale von Lyrik, d. h.: Versstruktur, die Tatsache, dass sie nicht auf szenische Aufführung angelegt ist, sowie relative Kürze, sind die Grundlage einer Minimaldefinition. Hinzu kommen weitere Kennzeichen, die aber keine notwendigen, sondern akzidentielle Kriterien sind – und sich zudem nicht auf Lyrik beschränken.[13] Zu beachten ist, dass viele der im Folgenden aufgeführten Aspekte nur im Kontext einzelner Strömungen und literatur-

13 Auch hier greife ich mit der Aufstellung auf die Ausführungen Burdorfs zurück (vgl. Burdorf 1997, S. 21).

geschichtlicher Konzepte von Lyrik relevant sind, keinesfalls jedoch generelle Gültigkeit beanspruchen können. Es ist wichtig, dies Schülerinnen und Schülern im Unterricht klar zu vermitteln.

Abweichungen von der Alltagssprache

Dieser Punkt ist mit Blick auf den Lyrikunterricht neben der Versstruktur (mit der er ja in gewisser Weise zusammenhängt, denn im Alltag wird niemand in Versen zu uns sprechen) vielleicht der entscheidendste. Denn nicht nur das Schreiben von Gedichten zeichnet sich durch Abweichungen vom Alltagssprachgebrauch aus, die Texte wollen auch anders gelesen werden. Alltagskommunikation und pragmatische Formen der Sprachverwendung sind in aller Regel darauf ausgerichtet, möglichst rasch und funktional die zentralen Inhalte zu übermitteln. Wir lesen etwa Zeitungstexte nicht wiederholt, es sei denn, wir haben einzelne Informationen oder Zusammenhänge nicht sofort verstanden. Unsere Lektüre wird häufig rasch und vielleicht auch nur flüchtig sein, um so effizient wie möglich die wichtigsten Inhalte zu erfassen, für eine detaillierte Wahrnehmung der sprachlichen Gestaltung bleibt kaum Zeit. Solche Formen der Lektüre führen bei literarischen Texten im Allgemeinen und Gedichten im Besonderen allerdings nicht allzu weit. Das zeigen bereits das Kinderlied vom Butzemann, das – nur auf seine wichtigsten Aussagen hin gelesen – wenig Vergnügen bereitet, und das Gedicht »Die Luft riecht schon nach Schnee«, das viel zu sperrig ist, um es rasch ›runterzulesen‹. Auch eindeutige Aussagen werden sich diesem Text kaum zuordnen lassen, denn je nachdem, wie man bestimmte Wendungen liest, ergibt sich ein verändertes Verständnis des gesamten Gedichts.

Die Tatsache, dass zentrale Regeln der Alltagssprache im lyrischen Sprachgebrauch ausgehebelt und somit andere Potentiale von Sprache zum Tragen kommen, fasst der Literaturdidaktiker Günter Waldmann in einer vielleicht etwas holzschnittartigen, aber in zentralen Aspekten doch treffenden Beobachtung wie folgt zusammen:

> »Während die Alltagssprache vereinfacht, das Gleichförmige, Gewohnte, die sprachliche Breite wählt und so mühelose Verständigung einrichten will, ist die lyrische Sprache kompliziert, wählt die Variation, das Ungewohnte, die sprachliche Dichte und will das glatte Verständnis eher hemmen und erschweren. Während die Alltagssprache verallgemeinert, typisiert und Sicherheit des Verhaltens einrichten will, richtet sich die lyrische Sprache auf das Besondere und Spezifische und will damit aufhorchen lassen, ja verunsichern. Während die Alltagssprache schematisiert, Klischees und Stereotypen gebraucht, differenziert die lyrische Sprache, benutzt das sprachlich Unübliche, Unvermutbare, Verfremdende und will so eine intensivere und nachhaltigere Wahrnehmung einrichten.« (Waldmann 2006, S. 4)

Waldmann bezieht sich hierbei auf den in Kapitel 1 schon eingeführten Begriff einer »formalen Differentialität« (ebd., S. 6) lyrischer Sprache, die auf eine bewusste und genaue Wahrnehmung ihrer sprachlichen Gestaltung zielt, nicht primär auf inhaltliche Mitteilungen. Dass diese formale Differentialität kein auf Lyrik begrenztes Phänomen darstellt, bedeutet zwar, dass es sich hierbei um kein hinreichendes Kriterium zur Abgrenzung von anderen Gattungen handelt, die Abweichungen vom Alltagssprachgebrauch sind aber im Bereich der Lyrik am größten (vgl. Gunia 2011, S. 47–49).

Mit dieser formalen geht eine inhaltliche Differentialität einher. Waldmanns Gedanken greifen hier auf den Literaturwissenschaftler Wolfgang Iser zurück. Dieser spricht von einer grundlegenden Verschiedenheit zwischen alltäglicher und literarischer Sprache. Sie beruht (u. a.) darauf, dass – wie auch schon im Falle des Kinderlieds vom Butzemann deutlich wurde – ein literarischer Text eigene Welten erschafft, die es in der Realität in dieser Form gar nicht gibt:

> »Seine Realität [die des literarischen Textes] gründet nicht darin, vorhandene Wirklichkeit abzubilden, sondern darin, Einsichten in diese parat zu halten. Es gehört zu den schier unaustilgbaren Naivitäten der Literaturbetrachtung zu meinen, Texte bildeten Wirklichkeit ab. Die Wirklichkeit der Texte ist immer erst eine von ihnen konstituierte und damit Reaktion auf Wirklichkeit.« (Iser 1994, S. 232)

Die »Einsichten«, von denen Iser spricht, hängen also gerade daran, dass *keine* Abbildungsfunktion von Wirklichkeit angestrebt wird, sondern durch die Gestaltung eigener Welten die Leserinnen und Leser zu veränderten und von ihren Alltagsroutinen unterschiedenen Sichtweisen oder Handlungen angeregt werden. Diese sind zum einen an die jeweiligen sozialen, kulturellen und historischen Kontexte der Entstehungszeit der Texte zurückgebunden (auch dies konnte das Kinderlied vom Butzemann aufzeigen), werden in gleichem Maße aber auch von der Zeit, in der die Texte gelesen werden, und von den Erfahrungen ihrer jeweiligen Leserinnen und Leser mitbestimmt (vgl. Waldmann 2006, S. 6 f.) und können gerade hierüber Bedeutung gewinnen.

Im Kontext dieser formalen und inhaltlichen Differentialität gewinnen Irritationen und Nichtverstehen eine herausgehobene Bedeutung. Eine Schülerin, die über das Gedicht von Sarah Kirsch ›stolpert‹, nicht so recht weiß, wie sie es auffassen soll, kann auf einem viel besseren Weg sein als ein Schüler, der nach einmaligem Lesen vermeintlich zu wissen glaubt, worum genau es in dem Gedicht ›geht‹. Guter Lyrikunterricht setzt an den Irritationen der Schülerinnen und Schüler an, versucht mit diesen weiterzuarbeiten, ermutigt sie, solche Irritationen auch zu benennen und sträubt sich, allzu schnelle und einfache Lösungen anzubieten.[14]

Das ist in Zeiten der Kompetenzorientierung, die auf kognitive Problemlösungen abhebt, gewiss eine Herausforderung, aber eine, der sich der Lyrikunterricht stellen muss, will er seinen eigentlichen Gegenstand nicht aus den Augen verlieren. Es heißt, Schülerinnen und Schülern immer wieder neu bewusst zu machen, dass aufgrund der angesprochenen Abweichungen von der Alltagssprache lyrische Texte anders, langsamer, genauer, wiederholt und ohne den Anspruch, ihnen eine letztgültige Bedeutung zuschreiben zu müssen, gelesen werden wollen. Wird das nicht berücksichtigt, ist die Wahrscheinlichkeit hoch, wieder in je-

14 Vgl. zur Relevanz von Irritationen in literarischen Rezeptions- und Vermittlungsprozessen: Freudenberg/Lessing-Sattari 2020.

ne Rituale zu verfallen, die schon Generationen von Schülerinnen und Schülern Lyrik eher verleidet haben, als dass sie sie hierfür hätten begeistern können. Dies gilt auch – vielleicht sogar insbesondere – für Verstehensoperationen, die in der Tat zunächst einmal klare Lösungen hervorbringen, wie das allseits bekannte, auf Grundlage eines Katalogs rhetorischer Figuren erfolgende Identifizieren sprachlicher Gestaltungsmittel oder das Wiederfinden von (oftmals vermeintlichen) Epochenmerkmalen in literarischen Texten. Beides bleibt blind für die eigentlichen Merkmale lyrischer Sprache, wenn der Unterricht an diesem Punkt endet und mit den jeweiligen Beobachtungen nicht so weitergearbeitet wird, dass sie in ihren individuell gegebenenfalls durchaus unterschiedlich wahrgenommenen Wirkungsfunktionen untersucht und in eine bedeutungsoffene und verschiedene Lesarten zulassende Struktur überführt werden.

Überstrukturiertheit und sprachliche Dichte

Eng mit dem vorherigen Punkt verbunden ist die Überstrukturiertheit als Merkmal lyrischen Sprachgebrauchs. Hierunter wird verstanden, dass ein einzelnes Textelement neben seiner Funktion, die es im jeweiligen Satzgefüge bzw. Vers einnimmt, zusätzlich auf ganz verschiedenen Ebenen, etwa der des Klangs (mit seinen Strukturen von Metrik und Reim), des Satzbaus oder der Semantik, in Bezüge zu anderen Textelementen gesetzt ist. Über diese Relationen bauen sich in lyrischen Texten oftmals weitere Bedeutungen auf, und zwar nicht nur dann, wenn es hier – etwa bei Reimen – Entsprechungen gibt, sondern gerade dann, wenn solche Strukturen durchbrochen werden, sich etwa unreine Reime finden oder Waisen (reimlose Verse).

Formen sprachlicher Überstrukturierung können zwar ebenfalls in der Alltagssprache gefunden werden, sie folgen dann aber in der Regel einer konkreten Kommunikationsabsicht, wie etwa die Alliteration in dem Werbeslogan »Geiz ist geil«. Ihr kommt kein Selbstzweck zu wie im Fall lyrischer Texte, die über die Versstruktur zudem über mehr Möglichkeiten zur Überstrukturierung verfügen als Texte mit willkürlichem Zeilenumbruch. Um sich das Phänomen der Überstrukturiertheit näher zu vergegenwärtigen, ist ein kurzer Rekurs auf den Begriff der poetischen Funktion sinnvoll, den der auch literaturwissenschaftlich forschende Linguist Roman Jakobson zur Mitte des letzten Jahrhunderts geprägt hat. Literarische Sprache, so sein Grundgedanke – und sein Blick richtet sich insbesondere auf Lyrik –, zeichne sich darüber aus,

> »daß das Wort als Wort, und nicht als bloßer Repräsentant des benannten Objekts oder als Gefühlsausbruch empfunden wird. Dadurch, daß die Wörter und ihre Zusammensetzung, ihre Bedeutung, ihre äußere und innere Form nicht nur indifferenter Hinweis auf die Wirklichkeit sind, sondern eigenes Gewicht und selbständigen Wert erlangen.« (Jakobson 1979, Was ist Poesie?, S. 79)

Die poetische Funktion richtet sich also auf das sprachliche Material und dessen Gestaltung »als solche« aus, und zwar »um ihrer selbst willen« (Jakobson 1979, Linguistik und Poetik, S. 92). Gerade hieraus können ästhetische Erfahrungen hervorgehen: Denn wenn Kinder sich mit Gedichten oder Liedern wie dem vom Butzemann für überraschend lange Zeit beschäftigen können, fokussiert sich ihre Aufmerksamkeit nicht primär auf die übermittelten Informationen, sondern auf die sprachliche Gestaltung, etwa in Form jener spielerischen Klangstrukturen, von denen zuvor die Rede war. In ästhetisch komplexeren Texten, wie dem Gedicht von Sarah Kirsch, sind die Netze möglicher Verknüpfungen dichter gestrickt. Dies gilt z. B. mit Blick auf bestimmte Isotopien. Hierunter versteht man semantische Felder, die einen Text durchziehen, in dem Beispiel etwa das von Wärme vs. Kälte. Einzelne Begriffe und Bilder werden so untereinander verknüpft und wechselseitige Bezüge aufgebaut.

Hat man Schülerinnen und Schüler einmal für eine Wahrnehmung solcher Formen der Überstrukturiertheit sensibilisiert, sie ihnen konkret an einzelnen prototypischen Beispielen vorgeführt, werden sie diese ebenso bei anderen Texten im Blick haben. Dabei können die jeweiligen Beobachtungen, das heißt die jeweils entdeckten ›Netze‹, durchaus voneinander abweichen – und das gilt auch für hieraus abgeleitete Sinnzuschreibungen.

Mit der Überstrukturiertheit zusammen hängt das Kriterium der sprachlichen Dichte oder qualitativen Kürze. Im Unterschied zur quantitativen Kürze bedeutet es nicht, dass nur »eine kleine Anzahl sprachlicher Zeichen« verwendet wird, sondern bezeichnet »eher Konzentriertheit und Konzisheit des sprachlichen Ausdrucks«, wie Burdorf erklärt. Er führt aus:

> »Mit der Kürze in diesem Sinne scheint ein formales Kriterium gefunden zu sein, das tatsächlich der größten

> Anzahl der heute als Gedichte angesehenen Texte zukommt und keine inhaltlichen, motivischen oder strukturellen Vorgaben macht, die der Lyrik einer bestimmten Epoche entnommen sind und Gedichte aus anderen Zeiten und Kulturen ausschließen oder abqualifizieren.« (Burdorf 1997, S. 8)

Die mit der Überstrukturiertheit eingehergehende qualitative Kürze lyrischer Texte erfordert auf Vermittlungsebene Zugangsformen, die eine verlangsamte, genaue und wiederholte Lektüre sowie Textarbeit sicherstellen. Im Kapitel 5 dieses Buches werden einzelne Verfahren vorgestellt, die dies auf unterschiedliche Art gewährleisten.

Selbstreferentialität

Jakobsons Begriff der poetischen Funktion verdeutlicht in Verbindungen zu Formen der Überstrukturierung, dass lyrische Sprache auch und zunächst auf sich selbst verweist. Literaturwissenschaftlich schließt hieran der Begriff der Selbstreferentialität an, der zunächst in dem Sinne verstanden werden kann, dass Gedichte auf ihre eigenen Bedingungen, gegebenenfalls auch die von Sprache generell, verweisen. Darüber hinaus können auch implizite Formen von Selbstreferentialität beobachtet werden, etwa dann, wenn das Gedicht Funktionsweisen des Mediums Sprache gewissermaßen ›ausstellt‹, performativ in der Realisierung der Lektüre sichtbar werden lässt.

Ein Beispiel hierfür ist der berühmte Vers aus dem Gedicht »Sacred Emily« von Gertrude Stein, die mit einem charakteristischen Mittel arbeitet, um die Aufmerksamkeit auf das Medium Sprache selbst zu lenken, und zwar dem der Rekurrenz: »Rose is a rose is a rose is a rose« (Stein 1922, S. 187). Über die Wiederholung des Substantivs »Rose« wird in gleicher Weise ein Name adressiert, die Blume bezeichnet und auf die bildliche Bedeutung der Rose, die ihrerseits als Symbol für Liebe und Schmerz wiederum ambivalent besetzt ist, ebenso verwiesen wie auf ihre sinnliche Schönheit, ihren Duft etc. Stein schreibt über diesen Vers in dem Essay »Poetry and Grammar«: »When I said. / A [sic] rose is a rose is a rose is a rose. / And then later made that into a ring I made poetry and what did I do I caressed completely caressed and addressed a noun.« (Stein 2007, S. 30) Schöner und zugleich treffender lässt sich Lyrik vielleicht kaum beschreiben: als ein Liebkosen, ein ganz sinnlich zu denkendes Streicheln der Worte, die uns die Sprache zur Verfügung stellt, als ein Sprechen zu den Begriffen, die sie wachruft, aus den Kontexten der Alltagssprache herauslöst und so neue Sichtweisen freilegt, was diese so simpel daherkommende Gedichtzeile schlicht durch die Wiederholungsstruktur erreicht.

Da auch dieses eine Vielzahl lyrischer Texte kennzeichnende Merkmal in der Alltagssprache kaum Verwendung findet, sollten Schülerinnen und Schüler hierfür im Lyrikunterricht sensibilisiert werden. Insbesondere in unteren Klassenstufen kann dies zunächst anhand prototypischer Beispiele erfolgen, die sich bereits in Kindergedichten resp. -liedern wie dem vom Butzemann finden lassen.

Unvermittelte Redesituation

Lyrik zeichnet sich zunächst durch eine »unvermittelte, strukturell einfache Redesituation« aus, die für Burdorf eine »Nähe des im Gedicht Sprechenden zum Autor oder zur Autorin« (Burdorf 1997, S. 21) nahezulegen scheint. Ich formuliere dies deshalb bewusst so vorsichtig, weil auf diesem Feld zunächst einmal grundlegend eine Trennung von Autor/Autorin und literarisch entworfenen Figuren, im Falle von Lyrik der jeweiligen Sprechinstanzen, zu beachten ist. Dass Lyrik eine Gattung ist, die dies zu unterlaufen scheint, verdankt sich einem Verständnis, das sich erst zur Mitte des 18. Jahrhundert ausbildete, aber noch heute unter dem Begriff der Erlebnislyrik begegnet. Im folgenden Kapitel, das sich mit historisch unterschiedlichen Konzepten von Lyrik auseinandersetzt, wird es näher vorgestellt.[15] Zum anderen liegt dies an der von Burdorf angesprochenen vermeintlichen Unvermitteltheit lyrischer Sprache; es tritt kein Erzähler zwischen Autor/Autorin und Leser/Leserin, die Sprechinstanz ist nicht wie im Drama auf verschiedene Rollen verteilt.

Gerade zeitgenössische Popmusik macht sich dies zunutze und inszeniert oft eine scheinbare Authentizität: Der um Popstars betriebene Personenkult verdankt sich nicht zuletzt der Auffassung, dass sie in ihren Songs von sich zu sprechen scheinen, ihre Sicht der Dinge bekunden, ihren Gefühlen Ausdruck verleihen. Doch ist hier wie bei Lyrik

15 Eng mit der Etablierung als einer eigenen Gattung hinge, so Burdorf, die Vorstellung zusammen, dass Lyrik »das adäquate Medium eines unmittelbaren Gefühlsaudrucks des Autors« sei (Burdorf 1997, S. 4).

generell gerade aufgrund der vermeintlichen Unvermitteltheit Vorsicht geboten: Popstars inszenieren sich wie andere Medienstars auch – nicht zuletzt mit Blick auf die Erwartungen ihres Publikums und hiermit verbundene Verkaufszahlen sowie Popularitätswerte. Und diesbezüglich gilt, dass sich Authentizität zum Zwecke eigener Vermarktung simulieren lässt.[16]

Vergleichbare Vorbehalte hinsichtlich einer vermeintlichen Unmittelbarkeit gelten des Weiteren für lyrisches Schreiben auch außerhalb popkultureller Diskurse: Das Ich, das sich in einem Gedicht nah und authentisch zu artikulieren scheint, bleibt ein künstlerisches Konstrukt, der Entwurf einer Sprechinstanz im Zeichengefüge eines Textes. Sie mag mit dem Autor / der Autorin Berührungspunkte haben, ist aber nicht mit ihr gleichzusetzen. Der Literaturdidaktiker Kaspar H. Spinner spricht vom

> »fiktionale[n] Charakter des lyrischen Ichs: wie im Theater ein fiktiver Bühnenraum aufgebaut wird und im Roman ein eigenes fiktives Bezugssystem, so treten auch in der Lyrik die Zusammenhänge mit der realen Kommunikationssituation zurück zugunsten der poetischen Eigenstruktur. Zwar kann lyrische Aussage auf tatsächlich Geschehenes, Erlebtes zurückzuführen sein, aber dieser Bezug wird aufgehoben in der ästhetisch-fiktionalen

16 Vgl. in diesem Kontext: Jacke 2013, S. 71–95. Es finden sich aber auch im Bereich der Rock- und Popmusik Künstlerinnen und Künstler, die mit diesem Paradigma bewusst brechen und sich selbst als wandelbare Kunstfiguren entwerfen, die sich Authentizitätsansprüchen widersetzen. Ein Beispiel hierfür ist im Bereich internationaler Popmusik etwa Bob Dylan.

> Struktur des Gedichts, so daß die Bedeutung der Sprache sich wesentlich am Eigenzusammenhang des dichterischen Textes ausrichtet. Das Ich definiert sich durch die Aussagen, die über es im Text gemacht sind: es wird z. B. in einem Liebesgedicht als liebendes verstanden. Damit verweist die Deixis aber immer noch nicht auf eine faßbare Person: das Ich ist gleichsam das abstrakte Etwas, dem die Eigenschaften, Handlungen, Erfahrungen des Gedichts zugeschrieben sind.« (Spinner 1975, S. 17; vgl. Ludwig 2005, S. 13)

Dies gilt sowohl auf dem Feld der sog. Erlebnislyrik als auch in den oft hochgradig artifiziellen Gebilden der Lyrik der klassischen Moderne und der Gegenwart.

Vorbehalte dieser Art müssen auch auf der Rezeptionsebene geltend gemacht werden. Die vermeintlich »unmittelbare Ansprache der Lesenden, Direktheit der literarischen Kommunikation, besonders derjenigen der ersten und zweiten Person« (Burdorf 1997, S. 21), beruht auf sprachlichen Gestaltungstechniken und ist somit eine künstlich geschaffene, inszenierte Nähe. Einem der wohl bekanntesten Schluss(halb)verse des letzten Jahrhunderts, der Aufforderung »Du mußt dein Leben ändern.«, mit dem Rainer Maria Rilkes Gedicht »Archaïscher Torso Apollos« (Rilke 2012, S. 138; vgl. hierzu näher das Kapitel 6.3) endet, liegt zweifellos eine Form der gerade in der Lyrik möglich werdenden unvermittelten Leserinnen- und Leseransprache zugrunde. Schaut man sich das Gedicht aber genauer an, so bleibt letztlich offen, ob es nicht auch eine Frage ist, die die Sprechinstanz in erster Linie an sich selbst oder einen Gesprächspartner auf der Fiktionsebene (wofür es in diesem Beispiel aber keine konkreten Hinweise gibt) adressiert. Die Frage der Adressierung bleibt somit ähnlich komplex wie die der Sprechinstanz – und auf die »poetische Eigenstruktur«, von der Spinner spricht, des jeweiligen Gedichts verwiesen.

Bezogen auf das zu Beginn dieses Kapitels ausgewählte Beispiel des Gedichts von Sarah Kirsch heißt dies etwa: Die Autorin muss zur Zeit der Abfassung des Textes nicht unglücklich verliebt gewesen sein, sie muss keine bevorstehende oder vollzogene Trennung in diesem Gedicht verarbeiten, sie muss schon einmal gar nicht einen Geliebten mit langem, schneeweißen Haar ihr eigen nennen und sie fordert ihre Leserinnen und Leser auch nicht dazu auf, ihre vielleicht etwas eingefahrenen Liebesbeziehungen doch lieber heute als morgen zu beenden, weil irgendeine andere Amsel schon »Darling« rufen wird. Wir bewegen uns hier in einem fiktionalen Raum, der gewiss nicht abgekoppelt von realen Erfahrungen ist, in dem aber viel eher das artistisch-sprachliche Spiel mit ihnen inszeniert wird, als dass er *konkrete* Bezüge zur Wirklichkeit unterhält.

Große Bedeutung der Bildlichkeit

Bleiben wir bei Kirschs Gedicht: Es wird dominiert von verschiedensten Bildern; im Gedächtnis geblieben sind vielleicht die Eisblumen, das Windhundgespann, mit dem das Kommen des Winters erwartet wird, das Bild der im Herd glühenden Kohlen, das einen Kontrast zum Kältemotiv bildet, der »[m]itten ins Herz« fallende »Schnee«, der paradoxerweise dort und/oder – je nach Lektüre des Enjambements – »[a]uf den Aschekübeln [...] glüht«, oder die Geste des in den Schoß gelegten Kopfes.

Schaut man sich diese Bilder im Unterricht genauer an, sollte im Fokus stehen, dass sie anders funktionieren, als wir es von Bildern, seien es Metaphern, Metonymien oder Symbole, im Alltagssprachgebrauch kennen: Spricht man metaphorisch vom Fuß eines Berges, so wird kaum jemand noch an einen menschlichen Fuß denken, und es ist klar kommuniziert, was hierunter zu verstehen ist; auch unter einem glühenden Herzen wird sich jeder in etwa Vergleichbares vorstellen. Wenn nun aber Schnee ins Herz fällt und glüht, arbeitet das Bild mit einer Paradoxie, die Irritation, gegebenenfalls sogar Nichtverstehen auslöst. Lyrische Bilder lassen sich oft – und Kirschs Gedicht ist hierfür ein gutes Beispiel – begrifflich nicht klar auflösen und provozieren Mehrdeutigkeit. Der russische Literaturwissenschaftler Viktor Šklovskij unterscheidet deshalb das »prosaische Bild«, und hierunter versteht er ein Bild, wie es in der Alltagssprache verwendet wird, vom literarischen, »dichterischen« Bild wie folgt:

> »Das prosaische Bild ist ein Mittel der Abstraktion: Melone statt runder Lampenschirm, oder Melone statt Kopf, bedeutet nur, dass vom Gegenstand eine seiner Eigenschaften abstrahiert wird, und unterscheidet sich in nichts von Kopf = Kugel, Melone = Kugel. Das ist ein Denkvorgang, hat aber nichts mit Dichtung zu tun.« (Šklovskij 1969, S. 9)

Das dichterische Bild ziele hingegen gerade auf die Verhinderung rascher Abstraktionsvorgänge, mittels derer wir

Dinge nur oberflächlich, anhand eines Kriteriums rasch und effizient erfassen. Das Bild werde so ein Mittel »zur Verstärkung des Empfindens einer Sache« (ebd.).

Dies vollzieht sich wiederum aber gerade nicht so, als ginge es um eine klare, festgeschriebene Sache. Ganz im Gegenteil soll die »Verstärkung des Empfindens« zur Entautomatisierung der Wahrnehmung führen, also dazu, Dinge bewusster und in anderer Art und Weise wahrzunehmen. Das »Verfahren der Kunst«, so führt Šklovskij aus, sei deshalb »das Verfahren der ›Verfremdung‹ der Dinge und das Verfahren der erschwerten Form, ein Verfahren, das die Schwierigkeit und Länge der Wahrnehmung steigert« (Šklovskij 1969, S. 26). Das Gedicht »Die Luft riecht schon nach Schnee« führt diesen Gedanken geradezu exemplarisch vor:

> »In den Bildern Sarah Kirschs verbinden sich Winterszenerie und Märchenwelt, Farbsymbolik und Wärmemetaphorik mit der Psychologie menschlicher Beziehungen auf vielfältige, jedoch nicht systematische Weise. Naturalistische und phantastische, zuweilen surrealistische Elemente, die den Horizont des Gedichts öffnen, neue Räume erschließen und Dingliches und Psychisches transparent füreinander machen, verbinden sich weniger zu einer ›Janusgesichtigkeit der Wintermotive‹ [...] als vielmehr zur Vielgesichtigkeit der erlebten Winterwelt.« (Demmer 1982, S. 354 f.)

Sowohl die herausgehobene Bedeutung als auch die vom alltäglichen Sprachgebrauch abzugrenzende Funktionsweise und Wirkung, die der Bildlichkeit in lyrischen Texten zukommt, haben für den Lyrikunterricht zur Folge, dass auch diesbezüglich Schülerinnen und Schülern andere Rezeptions- und Verstehensformen vermittelt werden müssen, als sie dies von pragmatischen Texten her kennen. Die Bilder, mit denen Gedichte arbeiten, wollen oft nicht in Begriffe ›übersetzt‹ werden, sondern vielmehr in verschiedene Richtungen imaginativ und kognitiv fortgeführt, mit eigenen Erinnerungen und Erfahrungen angereichert und in Bezüge zu weiteren Bildern gesetzt werden.

Sangbarkeit des Textes, Nähe zur Musik

Als letztes akzidentielles Kriterium bleibt die Sangbarkeit lyrischer Texte, die nichts anderes meint, als dass Gedichte auf eine mögliche Vertonung hin geschrieben oder sogar auf Grundlage einer bereits bestehenden Melodie verfasst sein können (vgl. Burdorf 1997, S. 24). In einem solchen Fall werden in ihrem Zusammenspiel immer beide Medien relevant, Musik und Text. Häufig sind als Lieder konzipierte Gedichte bereits so gestaltet, dass für sie »Figuren der Wiederholung (z. B. gleichmäßiges Metrum, Refrain)« charakteristisch sind und »der klanglichen Ebene (z. B. Reim, Assonanz)« (ebd., S. 25) eine große Bedeutung zukommt. Das Kinderlied vom Butzemann, in der Fassung von *Des Knaben Wunderhorn* noch ohne Melodie notiert, ist hierfür ein gutes Beispiel. Neben dem Volkslied, dem der »Butzemann« als Kinderlied zuzuordnen ist, lassen sich für ältere Schülerinnen und Schüler Beispiele des Kunstlieds heranziehen, das in »Abgrenzung zum Volkslied mit seiner oft mündlichen Überlieferung und anonymen Verfasserschaft« durch eine schriftlich fixierte, »auskomponierte Vertonung

Kunstanspruch« (Cloot 2007, S. 363) erhebt. Die Vertonungen von Gedichten aus der Zeit der Romantik (beispielsweise Heinrich Heines durch Franz Schubert und Robert Schumann) können sich eignen, um Schülerinnen und Schülern die Klangdimension lyrischer Texte im Verbund zum Medium Musik näherzubringen und so auch die »Angst vor Gedichten« in Gestalt einer Angst vor Metrik auf diesem Wege ein wenig aufzubrechen.

Hinzuzufügen ist all dem allerdings auch, dass die literarische Lyrik spätestens seit dem 18. Jahrhundert zunehmend eine »Eigengesetzlichkeit entwickelt, die sie immer mehr von der Liedform abrücken ließ« (Asmuth 1984, S. 135; vgl. Burdorf 1997, S. 7). Viele Gedichte verzichten neben dem Endreim auf ein festes Metrum. Die Sangbarkeit lyrischer Texte lebt aber in anderen Formen fort: Beispiele hierfür sind etwa die Kompositionen von Bert Brecht und Kurt Weill, die Tradition der Liedermacher im späteren 20. Jahrhundert (vgl. Brunner 2007, S. 422) oder die bereits erwähnten Popsongs. Spätestens seit der Verleihung des Literaturnobelpreises an Bob Dylan ist man hier keinen Legitimationszwängen mehr ausgesetzt, bezeichnet man diese Formen als lyrisch.

3 Lyrik im Wandel: Literaturgeschichtliche Entwicklungen

Unter Lyrik wurde in unserem Sprachraum zu unterschiedlichen Zeiten Unterschiedliches verstanden; Gedichte wurden unter ganz verschiedenen soziokulturellen Rahmenbedingungen verfasst. Im Rahmen dieses Bandes mit der Fokussierung didaktischer Fragen findet keine umfassende Geschichte der Lyrik Platz.[17] Gleichwohl sollen im Folgenden historisch unterschiedliche Konzeptionen und deren Bedingungsfaktoren in Grundzügen voneinander abgegrenzt werden. Konkrete Beispiele hierzu finden sich auch in der Unterrichtsumsetzung in Kapitel 6, so dass ich es hier meist bei allgemeinen Hinweisen, vor allem mit Blick auf didaktische Fragen, belasse.

Konkret werden die folgenden Zeiträume vorgestellt: zunächst die noch von einer Regelpoetik dominierte Lyrik des *Barock*; darauf folgend die unterschiedlichen Strömungen der *Zeit um 1800*, in der noch Ausläufer aufklärerischer Traditionslinien zu finden sind, zugleich aber der Begriff der Stimmungs- und Erlebnislyrik konstituiert wird und insbesondere in der romantischen Lyrik selbstreflexive und poetologische Formen zu finden sind. Sie weisen voraus auf die Lyrik der klassischen Moderne in der *Zeit um 1900*. Diese setzt sich mit tradierten Gattungsbegriffen kritisch

17 Empfohlen sei das gleichermaßen kompakte wie kenntnisreiche und ansprechend abgefasste Buch von Dirk von Petersdorff, der nicht nur als Literaturwissenschaftler über Lyrik schreibt, sondern selbst auch Lyriker ist: *Geschichte der deutschen Lyrik* (vgl. Petersdorff 2008).

auseinander und entwickelt eigene, in den verschiedenen Strömungen sehr unterschiedliche Konzepte wie die engagierte Lyrik und Gebrauchslyrik sowie im Gegensatz hierzu stehende Formen einer bewusst artifiziellen Lyrik. Schließlich folgt ein Blick auf die *Gegenwartslyrik*. Vorab ist aber zu klären, welche Relevanz literaturgeschichtlichen Kontextualisierungen im Lyrikunterricht überhaupt zukommt, was es diesbezüglich zu beachten und welche ›Fallstricke‹ es zu vermeiden gilt.

Der Literaturdidaktiker Karlheinz Fingerhut stellt im Rahmen seiner Überlegungen zu einer *Didaktik der Literaturgeschichte* die Frage, ob vielleicht

> »literarische Werke und die Geschichte der Literatur [...] eher geeignet [sind], subjektiv bedeutsame Vorstellungen über Vergangenes aufzubauen, [sic] als die Darstellungen der Sozial- oder politischen Faktengeschichte. Literaturgeschichte erzählt nicht die Geschichte der Macht und des Gelingens oder Nichtgelingens von Handlungen, sondern eine Geschichte von Personen, die denken, handeln, empfinden, scheitern. Sie gängelt nicht durch Erklärungen, sie stellt dar.« (Fingerhut 2002, S. 149)

Will der Unterricht an diese Eigenschaft literarischer Texte anknüpfen, verbietet sich eine Auseinandersetzung mit literaturgeschichtlichen Zusammenhängen einzig daraufhin, dass die behandelten Texte anhand von Merkmalskatalogen auf (vermeintliche) Kennzeichen bestimmter literarischer Epochen untersucht werden. Einmal abgesehen davon, dass solche Epochenmerkmale bzw. der Begriff der Epoche selbst literaturwissenschaftlich umstritten sind und heute deren Konstruktcharakter reflektiert wird (vgl. etwa Korte 2003, S. 2), provozieren solche Formen des Lyrikunterrichts, dass das ästhetische Potential der Texte geradezu stillgestellt wird: Dies erfolgt dann, wenn in sog. Top-down-Lektüren die Gedichte nur noch auf bestimmte Merkmale hin ›durchkämmt‹ werden, eine genaue Auseinandersetzung mit ihren sprachlichen Gestaltungsmerkmalen, den verwendeten Bildern oder expressiven Ausdrucksformen aber nicht mehr stattfindet. Sinnvoller und das Gedicht als künstlerisches Artefakt ernster nehmend ist ein Zugang, der umgekehrt verfährt: Ausgehend vom Text selbst, d. h. bottom-up, können – je nach Zugang der individuellen Rezeption der Schülerinnen und Schüler – durchaus unterschiedliche zeit- und literaturgeschichtliche Hintergründe erschlossen werden, die als relevant erfahren werden. Dieses Verfahren verfolgt dann weniger das Ziel, bestimmte Dinge in den Gedichten ›wiederzuerkennen‹, sondern möchte sie vielmehr zum Sprechen bringen und sie für an sie herangetragene oder aus ihnen hervorgehende Fragen produktiv machen.

Literaturgeschichtliche Kontextualisierungen nehmen zudem im Oberstufenunterricht einen anderen Raum ein als in der Primar- oder Orientierungsstufe (d. h. den Klassen 5 und 6). Dennoch können auch jüngere Schülerinnen und Schüler zumindest damit konfrontiert werden, dass Menschen zu anderen Zeiten anders gesprochen, gedacht und auch gedichtet haben. Im Fall einer eingehenden Auseinandersetzung mit Literaturgeschichte, wie sie vor allem im Oberstufenunterricht Platz findet, macht es Sinn, den Schülerinnen und Schülern die geläufigen, allen gängigen Unterrichtswerken zugrunde gelegten Epochenbegriffe als

Konstrukte zu vermitteln. Diese Konstrukte können gewiss in mancherlei Hinsicht hilfreich sein, in anderer aber auch nicht – insbesondere nicht dann, wenn über den literarischen Einzeltext (wie soeben skizziert) hinweggegangen und letztlich nur noch ›museales‹ literaturgeschichtliches Wissen vermittelt wird.

Wie es anders aussehen kann, darauf geht der bereits zitierte Fingerhut im weiteren Verlauf seiner Abhandlung ein. Er schlägt vor, an die Stelle des homogen gedachten Bildes von in sich abgeschlossenen Epochen wie dem Sturm und Drang, der Weimarer Klassik, der Romantik etc. größere Einheiten, sog. »Makro-Epoche[n]« (Fingerhut 2002, S. 162) treten zu lassen: für die Zeit um 1800 versammelt unter dem Stichwort »bürgerliches Zeitalter«, für die Zeit um 1900 unter dem der »Moderne« (ebd., S. 161). Das hierhinter stehende Ziel ist es, übergeordnete Fragen einer bestimmten Zeit sichtbar zu machen, auf die durchaus unterschiedliche Antworten gegeben werden. Fingerhut schlägt vor, im Rahmen forschenden Lernens möglichst fächerübergreifend Schülerinnen und Schüler durch das Studium ganz verschiedener Texte einer Zeit entdecken zu lassen, wie heterogen der Umgang mit zentralen Themenfeldern ist und wie sehr die tradierten, homogenen Epochenbegriffe ihre vermeintlich scharfen Konturen nur über Ausgrenzungen all dessen gewinnen, was sich nicht mit ihnen vereinbaren lässt, gleichwohl aber für die jeweilige Zeit historisch wie literaturgeschichtlich relevant bleibt. Lehrerinnen und Lehrer sollten Formen dieses forschenden Lernens unterstützend begleiten, indem etwa Materialien zur Verfügung gestellt werden, auf die Schülerinnen und Schüler zunächst einmal kaum Zugriff haben. Noch wichtiger wird es aber, sich von unzulässigen Homogenisierungen und Verallgemeinerungen in Form vorgegebener Merkmalskataloge zu verabschieden: »Denn wie sollen [Schülerinnen und Schüler] lernen, mit der Polyvalenz von Literatur und den Widersprüchen von Deutungsangeboten im kulturellen Leben umzugehen, wenn sie immer nur mit eindeutigen Lernangeboten konfrontiert werden?« (ebd., S. 152).

3.1 Das Gedicht und die Regeln: Lyrik im Barock

Mit der Lyrik des 17. Jahrhunderts, der Zeit des Barock, werden wahrscheinlich zunächst die in nahezu jedem Schulbuch im Vordergrund stehenden Vanitas-, Memento Mori- und Carpe Diem-Motive verbunden, weiterhin die Gräuel des Dreißigjährigen Krieges (1618–48) und die hiermit in Zusammenhang stehenden Hungersnöte und Seuchen, die Ausrichtung an christlichen Glaubensinhalten, insbesondere was jenseitige Erlösungsvorstellungen betrifft, vielleicht noch der Absolutismus und die ersten Vordenker eines ganz neuen, naturwissenschaftlich-rationalen Weltbildes wie Galilei oder Descartes. All dies findet fraglos Eingang in die Lyrik dieser Zeit. Für das genuin dichterische Schaffen ist aber zunächst eine ganz andere Entwicklung von kaum zu überschätzender Tragweite: Die ›Entdeckung‹ der deutschen Sprache als Kunstsprache, die nicht ohne »›kulturpatriotische[n]‹ Enthusiasmus propagiert und entwickelt wurde« (Meid 1982, S. 17) – auch um zu anderen, bereits nationalsprachlich ausgerichteten Literaturen Europas aufschließen zu können. Denn bis dato galt das Deutsche »in Europa als eine Barbarensprache voller Brumm- und Kehllaute, geeignet für Bären und Bauern, aber im Unterschied zu Französisch, Italienisch, Englisch oder Neulateinisch kaum kultur- und literaturfähig.« (Rickes 2009, S. 3)

Maßgeblich für diese Neuorientierung ist das *Buch von der deutschen Poeterey* aus dem Jahr 1624. Verfasst wurde es inmitten des Dreißigjährigen Krieges von Martin Opitz, der hiermit nicht weniger als »die Neugründung einer Literatur in deutscher Sprache beansprucht« (Campe 2007, S. 371). In die einzelnen Kapitel fügt er z. T. eigene Dichtungen als Exempel ein; darunter auch sein »Ach Liebste lass uns eilen«, das in kaum einem Oberstufenschulbuch als Beispiel für das Carpe-Diem-Motiv im Barock fehlt. Regelpoetiken wie diese sind dabei nicht neu, sie finden sich schon in der Antike – Opitz stellt sich in der Vorrede seines Buches nicht ganz unbescheiden in eine Reihe mit Aristoteles und Horaz (vgl. Opitz 1970, S. 13), den wohl bekanntesten Verfassern von Regelpoetiken im antiken Griechenland bzw. Rom. Gemeinsamer Ausgangspunkt ist die Auffassung, dass Literatur zunächst einmal ein »Handwerk« sei, »das erlernt und eingeübt werden muss« (Petersdorff 2008, S. 22). Inspiration müsse zwar hinzukommen, ohne das Erlernen der richtigen Formen sprachlicher ›Baukunst‹ wird sie denen, die dichten wollen, aber nicht weiterhelfen. Unter den Regeln, denen die lyrische Baukunst nach Opitz zu folgen habe, finden sich diese: Verwendung des Hochdeutschen, klare gedankliche Struktur nach dem Vorbild antiker Rhetorik, genaue Vorgaben für Metrik und Reim. Für die Metrik ist ein die natürliche Wortbetonung im Deutschen beachtendes, alternierend-akzentuierendes System mit einem Wechsel von betonten und unbetonten Silben vorgesehen, was dem Jambus und Trochäus entspricht – in der Folge allerdings sehr rasch um die dreisilbigen Versfüße von Daktylus und Trochäus erweitert wurde. Als Reime sind nur reine Reime zugelassen, mit Gleichklang ab der letzten betonten Silbe (vgl. ebd., S. 23).

Die strengen Vorgaben, die im Barock für die Lyrik gelten, finden Ausdruck etwa darin, dass das Sonett, eine formal überaus voraussetzungsreiche Gedichtform, weit verbreitet ist. Die Ausrichtung an solchen festen Strukturen kann nach Petersdorff auch als Reaktion auf die Wirren dieser Zeit gesehen werden, auf religiöse Kämpfe, Aufgewühltheit und Umbrüche, aus denen ein Bedürfnis nach »Ordnung, Sicherheit und Form« (ebd., S. 25) resultiert. Die Gedichte zeichnen sich so weniger durch individuelle Originalität im Sinne einer einzigartigen dichterischen Inspiration als durch eine hohe Kunstfertigkeit in der Art und Weise aus, wie ein recht begrenzter Kanon an mehr oder minder vorgegebenen Themen im Rahmen tradierter Formen ausgestaltet wird.

Das Streben nach festen Formen dokumentiert sich zudem nicht nur in der Regelpoetik, sondern auch in anderen gesellschaftlichen Bereichen: im absolutistischen Hofzeremoniell, in den einer strengen geometrischen Ordnung folgenden französischen Gärten, die an vielen Schlössern angelegt werden, und nicht zuletzt in der Faszination, die von den Gesetzmäßigkeiten des sich allmählich begründenden, rational-naturwissenschaftlichen Weltbildes ausgeht. Kurz gesagt: »Formen sind kein Zufall, sondern gehören zu einer Zeit, zu ihrer Weltdeutung, ihrer Sinnstiftung, ihren Normen.« (ebd.) Solche Verbindungslinien zu nichtliterarischen Kontexten sollte der Lyrikunterricht sichtbar machen.

Strenge Vorgaben gilt es auch bei einem anderen Punkt

zu berücksichtigen, der Schülerinnen und Schülern heute zumindest auf dem Feld kanonisierter Lyrik fremd sein dürfte: Barockgedichte sind oftmals sog. Gelegenheitslyrik, also für ganz bestimmte Anlässe verfasst. Insbesondere dann kennzeichnet sie – in der Tradition der antiken Rhetorik stehend – eine Rückbindung an soziokulturelle Funktionen und Zusammenhänge in dem Sinne, »dass sich das lyrische Ich einem fest umrissenen Publikum direkt zuwendet, das es anlässlich einer bestimmten Sache oder Gelegenheit überreden, belehren und erfreuen will.« (Heyde 2010, S. 3) Hiermit einher geht, dass die Sprechinstanz die individuelle Situation, aus der heraus gesprochen wird, rhetorisch überformt und in allgemeine Aussagen überführt, ja häufig bis hin zu einer Lehre verdichtet – und ihr so nur eine exemplarische Statthalterposition, eine sprachliche Rolle für den Menschen im Allgemeinen zukommt.

In der neueren Forschung wird diese Sichtweise allerdings zunehmend kritisch hinterfragt und insofern relativiert, als sie den Blick auf die barocke Lyrik zu stark auf das Feld der Gelegenheitsdichtung begrenzt und anderes außer Acht lässt (vgl. Kemper 2006, S. 95–101 sowie Heyde 2010, S. 13–17). Zwar gilt, dass auch eine *nicht* auf konkrete Anlässe hin ausgerichtete Lyrik des 17. Jahrhunderts »noch stark von ihrer Orientierung an Traditionen, rhetorischen und poetologischen Normen, Gattungsvorstellungen und Glaubensrichtungen geprägt« (Burdorf 2015, S. 28) ist und sich Subjektivität nur in diesem Rahmen artikulieren kann. Dennoch finden sich ausgestaltete Formen individueller Rede (vgl. etwa das Sonett »Auf meinen bestürmeten Lebens-Lauff« von Catharina Regina von Greiffenberg 1662, S. 58), die sich im Sinne »[s]ubjektive[r] Diskurse« des

17. Jahrhunderts als »krisenbedingte Abweichungen von rhetorischen Regeln verstehen« (Heyde 2010, S. 16) lassen. All dies bewegt sich zwar noch weit weg von der Erlebnislyrik des (späteren) 18. Jahrhunderts, aber auch dieser Punkt macht deutlich – und damit zurück zur Relevanz für den Literaturunterricht –, dass schematische Epochenbegriffe und ihre Merkmalskataloge auf nicht immer offengelegten Entscheidungen beruhen. Dies kann dazu führen, dass bestimmte Texte oder Gegenstände ausgeblendet werden und man so der literarischen Vielfalt und den kulturellen Diskursen einer Zeit nicht in vollem Maße gerecht wird.

Gleichwohl bleiben literatur- wie kulturgeschichtliche Zusammenhänge barocker Lyrik für den Unterricht notwendig: Die noch für heutige Leserinnen und Leser beeindruckende Fülle und Aussagekraft der sprachlichen Bilder und der kunstvolle Aufbau der Sonette kann vor dem Hintergrund solcher Kenntnisse noch einmal ein verstärktes Interesse finden. Gibt man den Lernenden ausreichend Zeit (und Material), sich Zusammenhänge dieser Art zumindest teilweise selbst zu erschließen, vermindert sich die Gefahr, dass nur totes Wissen vermittelt wird, dessen Sinn und Zweck nicht wirklich nachvollzogen wird. Zugleich kann es gerade für literarisch interessierte Schülerinnen und Schüler reizvoll sein, mit einem Bild von Kunst und Kunstschaffenden konfrontiert zu werden, das von dem der heutigen Zeit doch recht deutlich abweicht.

Schließlich gilt, dass bei aller Regelpoetik auf produktionsästhetischer Ebene sich die Art und Weise, wie die verwendeten Bilder in der Vorstellung weiterwirken, wozu der Klang eines Sonetts anregt, in welcher Weise man sich von den einzelnen Aussagen berührt zeigt, nicht vorhersagen lässt. Hier, auf der Ebene der Rezeption, zielt auch die Lyrik des Barock auf ungebundene Wirkung – freilich innerhalb der Rahmenbedingungen der relevanten kulturgeschichtlichen Diskurse. Ein Beispiel, wie dies im Unterricht vermittelt werden kann, findet sich in Kapitel 6.1.

3.2 Denken, Erleben und Träumen: Lyrik im bürgerlichen Zeitalter

Das auf die Zeit des Barock folgende 18. Jahrhundert ist die Zeit einer sich neu definierenden Literatur, deren Grundverständnis in Teilen bis zur Gegenwart reicht, und zugleich die des sich konstituierenden modernen Subjekts. Ausgangspunkt ist die »Emanzipation des aufsteigenden Bürgertums vom Adel, die getragen wird vom Vorwurf mangelnder Moralität und Menschlichkeit als Folge verderblicher Denaturierung – einer widernatürlichen Degeneration« (Schneider 2004, S. 68). Es lassen sich, etwas holzschnittartig schematisiert, zwei Wege ausmachen, über die diese Emanzipation vollzogen wird; beide bedienen sich der Natur bzw. eines bestimmten Bildes von Natur: Der Weg der vernunftgeleiteten Aufklärung, die diese Degeneration »durch das exakte Studium der vorbildlichen Natur zu korrigieren gedenkt« (ebd.), und der expressiv-affektiv ausgerichtete Weg der ›Rebellenbewegung‹ des Sturm und Drang, der die beobachtende Distanz zur Natur aufbricht und diese zur Quelle eigenen Schaffens macht. Beide übergeordneten Bewegungen vereint das Streben nach Autonomie, nach Subjektivierung und die bewusste Abkoppelung von höfischen Ritualen, die als starr, tot und überkünstelt verachtet werden. Hiermit einher geht, wenig erstaunlich, auch eine Abkehr von der als ebenso starr empfundenen Regelpoetik. Dies gilt für die Literatur der Aufklärung mit Einschränkungen, für die des Sturm und Drang vollumfänglich – und wird stilbildend für alle weiteren Entwicklungen in der deutschsprachigen Lyrik.

Im Einzelnen: Die Konturierung neuzeitlicher Subjektivität ist in der Aufklärung vernunftgeleitet gedacht. Kants Diktum: »Habe Muth dich deines eigenen Verstandes zu bedienen!« (Kant 1784, S. 481) kennzeichnet den Ansatz gut: Abhängigkeiten von kirchlichen und weltlichen Autoritäten sollen überwunden und durch eigenes Denken und Beobachten ersetzt werden. Was auf dem Gebiet der Erkenntnis gilt, findet in gleicher Weise Anwendung für Moral und Ethik: Kants kategorischer Imperativ, den sich jeder Mensch qua Vernunft erschließen kann, versteht sich als universale Handlungsmaxime zur Beurteilung der Frage, ob eine Handlung ethisch gerechtfertigt ist oder nicht. In Verbindung zu der etwa bei Rousseau ausformulierten Grundannahme, dass der Mensch frei und anderen gleich geboren ist,[18] resultiert hieraus auch das Streben nach Gesellschaftsformen, die dem Ausdruck verleihen – die streng hierarchisch gegliederte Standesgesellschaft mit ihren Machtzentren um Adel und Klerus zählt nicht hierzu.

Literarisch leiten sich hieraus Formen der Lehrdichtung ab, die gleichermaßen unterhalten wie belehren wollen.

18 Vgl. etwa den berühmten ersten Satz von Jean-Jacques Rousseaus *Vom Gesellschaftsvertrag oder Grundsätze des Staatsrechts*: »Der Mensch ist frei geboren, und überall liegt er in Ketten.« (Rousseau 2020, S. 5)

Der Glaube an die Allmacht Gottes gründet nun gerade sowohl in der eigenen, zugleich aber als gottgegeben gedachten Vernunft als auch in der exakten Naturbeobachtung, zu der jeder Einzelne fähig ist; nicht länger aber in der kirchlichen Lehre. Das Gedicht »Kirschblüte bei der Nacht« aus dem Jahr 1727 von Barthold Hinrich Brockes, der »die lange Reihe seiner Gedichtbände *Irdisches Vergnügen in Gott* nennt« (Albertsen 1983, S. 57), zeigt in seinem Bilderreichtum und der am Ende vermittelten allgemeinen Lehre deutlich auf, wie fließend die Übergänge zwischen der Lyrik des Barock und der der Aufklärung sind (vgl. Petersdorff 2008, S. 32). Der Text zeugt vor allem von der Strahlkraft einer mit den eigenen Sinnen vollzogenen genauen Beobachtung der Naturphänomene, denen man am Ende nur mit frommer Andacht begegnen kann. Dies führt über die irdische Natur hinaus und ermöglicht eine Erfahrung des Schöpfergottes, denn »[d]as alles kann unmöglich ein Zufall sein« (ebd., S. 34).

Der Natur kommt darüber hinaus auch eine Schlüsselfunktion für eine weitere zentrale literarische Strömung dieser Zeit zu, die wiederum in die Lyrik des Sturm und Drang mündet: die Empfindsamkeit. Hier ist es etwa der 1724 geborene Friedrich Gottlieb Klopstock, der sich in neuen Formen, freien Rhythmen und reimlosen Versen von der Regelpoetik des Barock löst und eine Sprache emotionaler Ergriffenheit zu finden sucht, die anders als die Brockes' das innere Erleben auch in einer ›aufgewühlteren‹ sprachlichen Form zu spiegeln sucht: Seine Gedichte prägen Abweichungen von der Normsprache, Wiederholungen, Ausrufe, Inversionen. Der Glaube an den Schöpfer bleibt hier zwar noch im Mittelpunkt, er resultiert aber nicht aus distanzierter Beobachtung der Wunderwerke der Natur, sondern aus ihrer subjektiven Erfahrung, die feste Ordnungen auflöst, mit sprachlichen Konventionen bricht und so dem Subjekt und seinem Erleben den größten Raum zumisst.

Noch einmal radikalisiert wird diese Entwicklung in der Lyrik des Sturm und Drang. In Goethes Roman *Die Leiden des jungen Werther* wird die Ausrichtung an der Emotion zur Herleitung von Subjektivität und Individualität so begründet: »Ach, was ich weiß, kann jeder wissen – mein Herz habe ich allein.« (Goethe 1994, S. 74) Beibehalten wird die Orientierung an der Natur, in der Lyrik dokumentiert sich dies etwa in Goethes »Maifest« (erstmals 1775 publiziert). An die Stelle des Bezugspunktes, auf den hin sich das Subjekt entwirft und den sowohl in der Naturlyrik der Aufklärung wie auch der Empfindsamkeit bei Klopstock noch der Schöpfergott bildet, tritt nun die Geliebte und mit ihr die Erfahrung der Liebe.[19] Auch sie ist als eine Art ›menschlicher Urkraft‹ der Natur zugeordnet und vermag deshalb eine Dynamik zu entfachen, die alle gesellschaftlichen Konventionen und sprachlichen Regeln zugleich sprengt.

Fokussiert wird das Erleben einer bestimmten Situation, die gerade in ihrer affektgeladenen Impulsivität zur Darstellung gebracht werden soll.

19 Vgl. Petersdorff 2008, S. 42: »Damit nimmt die Liebe eine gottgleiche Position ein: Sie ›segnet‹ die Welt, gibt ihr Einheit und Bedeutung. Der Mensch steht seiner Umgebung nicht fremd gegenüber, ist nicht nur ein Subjekt, das Objekte beobachtet, sondern erfährt sich mit ihnen als verwandt.«

> »Diese Konzeption von Lyrik wird gemeinhin mit dem Begriff der Erlebnislyrik bezeichnet – ein Begriff, der zwei nicht unproblematische Implikationen hat: Erstens wird das ›Ich‹ des Gedichtes als weitgehend oder völlig identisch mit dem historisch-biographischen Ich des Dichters oder der Dichterin betrachtet; zweitens wird vorausgesetzt, hier drücke sich tatsächlich (bürgerliche) Subjektivität aus, die echten Empfindungen und Erlebnisse des Dichters kämen in der Lyrik unmittelbar zum Ausdruck.« (Jeßing/Köhnen 2017, S. 149)

Die grundlegende Trennung von Autor/Autorin und Sprechinstanz bleibt aber unaufhebbar. Zudem wird die schon zu Beginn und in der Mitte des Jahrhunderts zu beobachtende Abkehr von Regelpoetiken auf die Spitze getrieben und deren Geltung nachhaltig für alle weiteren Zeiten aufgehoben. Doch auch bei diesen neuen Formen handelt es sich, wenngleich in ganz anderer Form als im Barock, um eine rhetorisch gestaltete Lyrik, die zwar mit bisherigen Konventionen bricht, aber das vermeintlich *unvermittelte* ›Erlebnis‹ dennoch nur als sprachlich *vermitteltes* Konstrukt zur Darstellung bringen kann.

Die Gegenüberstellung von natürlichem Erleben und als gekünstelt empfundener Form kennzeichnet zumindest in ihrer behaupteten Radikalität allerdings auch nur eine recht begrenzte Phase der Lyrik des 18. Jahrhunderts: Eine neue Bestimmung des Verhältnisses von *Natur und Kunst* lotet u. a. Goethe in dem gleichnamigen Gedicht aus dem Jahr 1802 aus, und dies nicht zufällig wieder in der ›strengen‹ Form des Sonetts. Die beiden sich scheinbar gegenüberstehenden Pole künstlerischen Schaffens werden miteinander

›versöhnt‹, in Form einer Synthese in einen produktiven und harmonischen Ausgleich gesetzt und so in ihrer Radikalität gleichsam entschärft.

Parallel hierzu konstituiert sich in den letzten Jahren vor der Jahrhundertwende eine weitere literarische Bewegung, die an die Strömungen des 18. Jahrhunderts anknüpft, ihnen aber noch einmal eine andere Richtung gibt: die Romantik. Sie richtet sich weniger an ›Erlebnissen‹ in der Wirklichkeit aus, sondern reklamiert für sich das Reich der Imaginationen, der Träume, auch des Rausches und so all dessen, was in der zunehmend von rationalen Disziplinierungsstrukturen durchdrungenen bürgerlichen Alltagswelt dieser Zeit nicht verwirklicht werden kann. In gewisser Weise vereint die Literatur der Romantik alle drei Schlagworte der für dieses Unterkapitel gewählten Überschrift: Denken, Erleben und Träumen, ist sie doch einerseits hochgradig reflexiv aufgeladen und kann (gerade in der Suggestivkraft eigener Vorstellungswelten) andererseits Erlebnisse generieren, die an Intensität denen des Sturm und Drang nicht nachstehen. Sie werden aber an ihren Entstehungsort, die poetische Schrift, zurückgebunden. So werden zugleich auch die Möglichkeiten (und Grenzen) literarischer Sprache bzw. Lyrik zum Gegenstand der Darstellung.

Zentrale Themenfelder und Motive bilden nun jedoch nicht länger *Herz* und *Natur*, sondern viel eher *Nacht* bzw. *Traum* und *Kunst*. Zugrunde liegen dem letztlich noch einmal gesteigerte, ausdifferenziertere Formen von Subjektivität, die bereits auf Diskurse des Un- und Unterbewussten im frühen 20. Jahrhunderts hindeuten und dabei gerade auf die ›Schattenseiten‹ menschlicher Existenz abheben.

Die Sehnsucht nach dem Fremden, dem Anderen wird zu einem zentralen Motiv der Epoche und verbindet sich häufig mit dem Nachtmotiv. Dabei werden die Nacht- und Naturkulissen immer stärker stilisiert, fungieren als Kulissen der Imagination – und sind so weit weg von den genauen Naturbeobachtungen Brockes zur Zeit der Aufklärung oder der an eigenes Erleben gekoppelten Naturemphase des Sturm und Drang. Zwei Beispiele, Clemens Brentanos »Sprich aus der Ferne« (um 1801) und Joseph von Eichendorffs »Sehnsucht« (1834), die die hier erwähnten Themen und Motive durchaus unterschiedlich ausgestalten, finden sich im folgenden Kapitel zu den Kategorien der Lyrikanalyse und in den unterrichtspraktischen Vorschlägen des Schlusskapitels.

Was in der kurzen Übersicht dieser ›Makroepoche‹ soeben zunächst fein säuberlich getrennt zur Darstellung gebracht wurde, verflicht sich im realen Erscheinungsbild der Literatur dieser Zeit in vielerlei Weise, bildet Knotenpunkte, an denen entlang literaturdidaktisch gearbeitet werden kann. Hierzu zählen u. a. die zentralen Begriffe der Subjektivität und Individualität, die auf ganz unterschiedliche Art und Weise lyrisch hergeleitet und – gerade in Verbindung zum Naturdiskurs – ausgestaltet werden. Bezieht der Unterricht dann auch den sich zu dieser Zeit formierenden Geschlechterdiskurs mit den vermeintlich in der Natur begründeten, festgelegten Rollenidentitäten von Mann und Frau mit ein, die sich etwa in der Lyrik Eichendorffs zuhauf finden, so können auch die Widersprüche einer Zeit thematisch werden (vgl. Fingerhut 2002, S. 164); denn die freie Entfaltung eigener Subjektivität ist zunächst ein primär männlich konnotiertes und ausformuliertes Projekt.

3.3 Ästhetizismus vs. engagierte Lyrik und Gebrauchslyrik: Die Moderne

Ähnlich wie Subjektivität als Schlagwort die ganz unterschiedlichen Strömungen der Makroepoche des ›bürgerlichen Zeitalters‹ um 1800 unter einer didaktisch sinnvollen Perspektive versammeln kann, vermögen dies die Begriffe *Krise* und *Experiment* für die klassische Moderne, der Zeit um die Jahrhundertwende 1900. In die Krise gerät nicht nur der gerade erst in der Autonomiefähigkeit der Vernunft verankerte Subjektbegriff selbst: Verantwortlich hierfür zeichnen u.a. Darwin, dessen Evolutionstheorie die gemeinsame Abstammung von Mensch und Affe nachweist, und Freud, dessen Psychoanalyse von der These ausgeht, »daß das Ich nicht Herr sei in seinem eigenen Haus« (Freud 1917, S. 7), und der so in einem anderen, nunmehr wissenschaftlichen Diskurs an die dunklen Nacht- und Traumkulissen der Romantik anknüpft.

Krisenhafte Strukturen prägen zunehmend auch die Gesellschaft selbst: Ihre hierarchisch-autoritären Strukturen (das Kaiserreich endet in Deutschland und Österreich-Ungarn erst nach Ende des Ersten Weltkriegs und wird im deutschsprachigen Raum durch Demokratien abgelöst) passen nicht länger zum immer stärker individualisierten und anonymisierten Leben, insbesondere in den sich formierenden Großstädten. Zudem nehmen die Spannungen innerhalb der Gesellschaft zu, bis hin zu den demokratiefeindlichen Bewegungen in der Weimarer Republik. Hierzu trägt auch die ungelöste soziale Frage bei: Insbesondere Arbeiterinnen und Arbeiter leiden unter menschenunwürdigen Arbeits- und Lebensbedingungen.

Dieser »durch Brüche gekennzeichneten gesellschaftlichen Erfahrung entspricht eine Ästhetik und Poetik, die immer neue Brüche fordert und praktiziert.« (Burdorf 2015, S. 92) Hierzu trägt nicht zuletzt auch ein Verlust an vermeintlichen Gewissheiten auf einem weiteren Feld bei: In der sog. Sprachkrise der Jahrhundertwende wird Sprache als ein Medium reflektiert, das die Wirklichkeit nicht abbilden kann, sondern durch Abstraktionen überformt (vgl. etwa Nietzsche 1988, S. 873–890) und auf gesellschaftlichen Konventionen beruht, die Wahrnehmungsweisen präfigurieren.[20] Sprache wird deshalb immer stärker mit Blick auf ihre Manipulationsmöglichkeiten reflektiert.[21]

Vor diesem Hintergrund ist es wenig erstaunlich, dass die Lyrik der Zeit das Medium Sprache zunehmend auch inhaltlich zum Gegenstand von Gedichten macht und zugleich mit ihm radikal experimentiert. Dabei werden nicht nur grammatische Strukturen, sondern – etwa in der Dada-Bewegung, die ihren Namen den ersten Lauten eines Kindes entlehnt – ebenfalls semantische Inhalte zugunsten von Klangspielen aufgelöst. Doch auch hier gilt es, Klischees zu vermeiden: Denn all dies bedeutet »nicht, dass […] ausschließlich Zerrissenheit und Formlosigkeit zur Sprache kommen«. Vielmehr lassen sich, wie Burdorf erläutert, Bestrebungen, die auf tradierte Formen zurückzugreifen,

20 Vgl. in diesem Kontext etwa die Sprachkritik Fritz Mauthners in seinem dreibändigen Werk *Beiträge zu einer Kritik der Sprache* aus den Jahren 1901 und 1902 (Mauthner 1982).

21 Vgl. zu einer dezidiert politisch-ideologiekritischen Sprachkritik vor allem die Beiträge von Karl Kraus in der von ihm gegründeten und zeitlebens herausgegebenen Zeitschrift *Die Fackel* (1899–1936).

auch in der Lyrik der Moderne finden – sind dann aber »vor dem Hintergrund der Brüche zu lesen« (Burdorf 2015, S. 92), was ihnen eine veränderte Ausrichtung gibt.

In bewusster Abgrenzung zum Naturalismus und dessen Bestreben, soziale bzw. existentielle Wirklichkeit so exakt wie möglich sprachlich zu formen und hierüber das Medium zugleich an seine Grenzen zu treiben,[22] konstituieren sich zunächst Strömungen, die mit nicht immer trennscharfen Begriffen wie Ästhetizismus, Fin de Siècle, Symbolismus, Dekadenz oder Jugendstil bezeichnet werden. Die drei bekanntesten Lyriker der Zeit bis zum Ersten Weltkrieg, Hugo von Hofmannsthal, Rainer Maria Rilke und Stefan George bewegen sich in diesen Kontexten. Ein Zeitgenosse der drei, Hermann Bahr, attestiert in seinen *Studien zur Kritik der Moderne* der Décadence-Literatur – durchaus affirmativ – einen »Hang nach dem Künstlichen. In der Entfernung vom Natürlichen sehen sie die eigentliche Würde des Menschen und um jeden Preis wollen sie die Natur vermeiden.« (Bahr 2005, S. 27) An Stelle dessen tritt eine Fokussierung der Wahrnehmungsweisen, eine »Hingabe an das Nervöse« (ebd., S. 29), an die bewusste Wahrnehmung und Darstellung von Impressionen: »Man muss nämlich empfängliche und empfindliche Nerven haben, die leisen Winken gleich gehorchen; sonst kann diese Kunst nicht wirken« (ebd., S. 33).

An folgendem Beispiel, dem 1892 im Kontext des *Algabal*-Zyklus publizierten Gedicht von Stefan George, lassen sich diese Gedanken konkretisieren:

22 Da der Naturalismus primär Relevanz für die erzählende und dramatische Literatur besitzt, sei er im Rahmen des folgenden, nur sehr kurzen Überblicks ausgespart.

Mein garten bedarf nicht luft und nicht wärme
Der garten den ich mir selber erbaut
Und seiner vögel leblose schwärme
Haben noch nie einen frühling geschaut

Von kohle die stämme von kohle die äste
Und düstere felder am düsteren rain
Der früchte nimmer gebrochene läste
Glänzen wie lava im pinien-hain

Ein grauer schein aus verborgener höhle
Verrät nicht wann morgen wann abend naht
Und staubige dünste der mandel-öle
Schweben auf beeten und anger und saat

Wie zeug ich Dich aber im heiligtume
– So fragt ich wenn ich es sinnend durchmass
In kühnen gespinsten der sorge vergass –
Dunkle grosse schwarze blume?

George 1892, S. 8

Das Gartenmotiv, das per se schon auf künstlich gestaltete Natur verweist, wird in diesem Gedicht dahingehend radikalisiert, als es sich um einen Garten handelt, in dem sich keine organische Natur mehr auffinden lässt, sondern ausschließlich leblose Elemente: Die Bäume sind aus Kohle, was auch als selbstreflexiver Verweis auf das Graphit des Stiftes gelesen werden kann, mit dem sich Gedichte schreiben lassen. Die Verbannung jeder organischen Natur aus dem Garten zugunsten künstlicher Surrogate spiegelt sich in den Bildern des Gedichts: Früchte, die wie »lava« glänzen oder »staubige dünste der mandel-öle« wird man in der Natur vergeblich suchen. Die Sprache bricht mit jeder Form realistisch-naturalistischer Darstellung, was das Konzept einer durch und durch artifiziellen Kunst spiegelt. Es mündet in das Schlussbild, jene Anrede der schwarzen Blume (bei dem »Dich« handelt es sich bezeichnenderweise um die, abgesehen von den Versanfängen, einzige Majuskel im Text) mit der abermaligen, Tod konnotierenden Negation organischer Natur. Verkörperte das romantische Motiv der blauen Blume, auf das offenkundig kontrastiv Bezug genommen wird, noch die Sehnsucht nach einer wenn auch nur als Utopie denkbaren Versöhnung von Natur und Kunst, so wird diese hier verweigert. Der Preis dafür ist freilich die nicht nur das Metrum aufbrechende Schlussfrage, wie sich eine Zeugung – ein Bild aus dem Bereich der organischen Natur, das mit der Schaffung neuen Lebens verbunden ist – in diesem ›Todesraum‹ der Kunst noch denken lässt.

Andere, spätere literarische Strömungen dieser Zeit des Epochenumbruchs 1900 wie der Expressionismus oder Dada schließen in Teilen an dieses Konzept an, auch wenn sie es neu ausrichten. Einer der bekanntesten Lyriker der Zeit nach dem Ersten Weltkrieg, Gottfried Benn, verbindet es mit einer Traditionslinie, die sich bereits in der englischsprachigen Romantik bei Edgar Allan Poe finden lässt[23] und die die *Gemachtheit*, den Kunst- und Konstruktcharakter von Gedichten gegen eine von der Genieästhetik geprägte

23 Vgl. dessen Essay »The Philosophy of Composition« (Poe 2009, S. 55–76).

Erlebnislyrik hervorhebt. In einem Vortrag, der schon in die Zeit nach dem Zweiten Weltkrieg fällt, fasst Benn dieses Verständnis in folgende Worte:

> »[D]ie Öffentlichkeit lebt [...] vielfach der Meinung: da ist eine Heidelandschaft oder ein Sonnenuntergang, und da steht ein junger Mann oder ein Fräulein, hat eine melancholische Stimmung, und nun entsteht ein Gedicht. Nein, so entsteht kein Gedicht. Ein Gedicht entsteht überhaupt sehr selten – ein Gedicht wird gemacht. [...] Das neue Gedicht, die Lyrik, ist ein Kunstprodukt. Damit verbindet sich die Vorstellung von Bewußtheit, kritischer Kontrolle und [...] von ›Artistik‹.« (Benn 2011, S. 34 f.)

In Benns eigener Lyrik lassen sich hierfür zahlreiche Beispiele finden, seine ersten, noch stark vom Expressionismus geprägten Gedichte suchen zudem die Provokation und kreieren – etwa in der *Morgue*-Sammlung, deren Titel sich auf ein Leichenschauhaus in Paris bezieht – eine »Ästhetik des Hässlichen« (Fick 2016, S. 297):

> »Ein ›ersoffener Bierfahrer‹ wird auf den Sektionstisch gelegt, das lyrische Ich schneidet ihm Zunge und Gaumen heraus, stößt dabei eine Aster an, die ihm irgendjemand ›zwischen die Zähne geklemmt hat‹. Sie wird in die Brusthöhle gepackt, dann wird zugenäht. Der Wunsch, der dem Toten gelten sollte, lautet nun: ›Ruhe sanft, / kleine Aster!‹« (Petersdorff 2008, S. 93)

Einem gänzlich anderen Verständnis von Lyrik folgt wiederum ein Zeitgenosse Benns, Bertolt Brecht, der als dessen

Antipode begriffen werden kann (vgl. Burdorf 2015, S. 107). Dem dezidiert Artifiziellen setzt Brecht eine sozial engagierte Lyrik entgegen, die ihren Leserinnen und Lesern Einsichten in die gesellschaftliche Wirklichkeit – aus seinem Exil auch zur Zeit des Nationalsozialismus – vermitteln will. Auch wenn Brechts Lyrik stilistisch ganz verschiedene Register anschlägt, so ist sie doch im Ganzen von einem anderen Ton durchdrungen als die des lyrischen Ästhetizismus eines George, Rilke oder Benn. Alltagssprachliche Wendungen werden eingebaut, von Reimen und regelmäßigen Metren wird oft abgesehen[24]; Brecht selbst prägte hierfür den Begriff der Gebrauchslyrik, mit dem er eine Ausrichtung am »Gebrauchswert« (Brecht 1992, S. 191) von Lyrik fordert. Zugrunde liegt dem der Gedanke, dass Gedichte »nicht einlullen«, »im Leser nicht Assoziationen hervorrufen [sollen], sondern klare Gedanken« (Petersdorff 2008, S. 101), denen auch konkrete politische Relevanz zukommen kann.

3.4 Hermetische Lyrik und Popdiskurse: Die Gegenwart

Für die Gegenwart lassen sich, auch aufgrund der fehlenden Distanz zur eigenen Zeit, noch schwerer bestimmte Strömungen ausmachen, grobe Linien in die Karte lyrischer Publikationen einzeichnen, als dies für die Zeit der Makroepoche um 1900 gilt. Lyrikerinnen und Lyriker der Gegenwart greifen auf tradierte Formen und Inhalte zurück,

24 Vgl. hierzu Brechts Aufsatz »Über reimlose Lyrik mit unregelmäßigen Rhythmen« (Brecht 1993, S. 357–365).

gestalten sie neu aus, spielen mit ihnen. Für den Umgang im Unterricht gilt so in besonderer Weise, was eingangs bereits allgemein zur Lyrik gesagt wurde: In dem Augenblick, wo ein bestimmter Zugang festgeschrieben wird, beraubt man die Texte zu weiten Teilen ihres ästhetischen Potentials; es bedarf freier, spielerisch-erprobender Zugänge – und oft einer ganzen Reihe an Hintergrundinformationen, etwa was intertextuelle oder historisch-kulturelle Bezüge anbetrifft –, um ihnen gerecht zu werden. Kapitel 6 wird sich mit dem Potential, das aus diesen Verweisen der Gegenwartslyrik auf etablierte lyrische Formen hervorgeht, anhand dreier Beispiele genauer auseinandersetzen.

Die in der Überschrift benannten Schwerpunkte, hermetische Lyrik und Popdiskurse, bilden auf dem Feld der Gegenwartslyrik nur zwei Pole, zwischen denen sich vieles andere bewegt und die sich dabei noch nicht einmal zwangsläufig ausschließen müssen. Ein Beispiel hierfür liefert Thomas Kling (1957–2005), der mittlerweile als kanonisierter Vertreter dieser von ihm selbst als hermetisch apostrophierten Strömung der Gegenwartslyrik angesehen werden kann (vgl. Kling 1997, Hermetisches Dossier, S. 51–58). Der Titel eines seiner Gedichte, »Working Song«, zitiert hingegen – nicht zuletzt durch den Wechsel ins Englische und den Verweis auf die musikalische Form des Songs – popkulturelle Diskurse.[25] Zumindest ein Stück weit teilt der Text ein Lyrikverständnis, das im oben erwähnten Zitat Gottfried Benns deutlich wurde und dem

25 So gibt es etwa ein gleichnamiges Lied des US-amerikanischen Soulsänger Edwin Starr, es handelt sich um die B-Seite seiner Single »Contact«. 20th Century Records, 1978 (BTCL 2396).

zufolge Gedichte nicht – wie im Konzept der Erlebnislyrik verankert – aus einer bestimmten ›Stimmung‹ heraus entstehen, sondern »gemacht« werden, d. h. artifizielle Konstrukte sind. Stärker noch als Benn hebt Kling zugleich auf die aus dem Barock bekannte, ganz handwerklich zu denkende ›Fertigung‹ des Gedichts ab und korreliert dies in folgendem Beispiel mit dem Mahlwerk einer Mühle:

Working Song

von eisen der bach,
und wie er uns antrieb!
antrieb, flüssig, das mühleisen, das uns begleitet.

knirschend der stein, knirschend begleitender stein.

und die mühle sprach.
sprang.

ihre mühlensprache sprach sie: flüssig,
in zerkleinerungsform.
sprach wie im rausch.

Kling 2020, S. 224. –

Mit Schülerinnen und Schülern lässt sich etwa anhand des Titels, des Motivs der sprechenden Mühle oder auch des Schlussverses die Autoreflexivität des Gedichts nachvollziehbar erarbeiten – und damit eine für die Lyrik der Moderne grundlegend relevante Thematik, die hier auf das oben angesprochene, handwerklich gedachte Verständnis, das ›Machen‹ von Lyrik bezogen ist. Weitere verbindlich geltend zu machende Lektüren sind aufgrund der oft paradoxen Bilder, mit denen der Text arbeitet, und der so ausgelösten Irritationen kaum möglich.

Gleichwohl lassen sich semantische Oppositionen beobachten, mit denen der Text arbeitet[26]: flüssig vs. fest, organisch vs. mechanisch oder Ordnung vs. Auflösung von Ordnungen bzw. Rausch. Dabei werden konventionelle begriffliche Zuordnungen immer wieder aufgelöst und sprachlich neu arrangiert: Der Bach, der eine Mühle antreibt, ist nicht aus Wasser, sondern aus Eisen, aus seinem Rauschen wird am Ende ein Sprachrausch. Das Mühlenmotiv begegnet häufig in der Literatur der Romantik und verweist hier oft auf Verwandlungsprozesse, so wie das Korn, das gemahlen wird, zu Mehl und im Anschluss zu Brot wird. Zugleich verkörpert das Motiv eine Bewegung des In-Sich-Kreisens. Es steht in einer Reihe mit dem Mühleisen, das in der Mechanik einer Mühle verantwortlich für die Übertragung des Drehmoments auf den Mühlstein ist und im Gedicht auf den Bach aus Eisen zurückverweist. Der Mühlstein selbst knirscht, erzeugt so Reibung, die mit der Irritation bei der Lektüre des Gedichts in Verbindung gebracht werden kann. Dabei imitiert das Bild aber auch eine Bewegung der Zähne, was über deren Sitz im Mund eines Menschen in einem semantischen Zusammenhang

26 Vgl. zur didaktischen Relevanz und Produktivität dieses strukturalistisch-semiotischen Analyseverfahrens die Ausführungen im ersten Unterpunkt des Kapitels 5.2.

zur menschlichen Sprache steht, die von der Mühle »in zerkleinerungsform« gemahlen und so gewissermaßen verflüssigt wird.

Die wie im Rausch (hier erfolgt über den impliziten Verweis auf den ersten Vers des Kinderlieds »Es klappert die Mühle am rauschenden Bach« ein Rekurs auf das Motiv des Baches) sprechende Mühle lässt sich so als autopoetisches Motiv der Arbeit des Lyrikers lesen: eine Sprachmühle, die – wie das Gedicht selbst vorführt – Bestandteile von Sprache zerbröselt, neu zusammensetzt und das Medium gewissermaßen zum Springen bzw. ›aus der Spur‹ bringt, wie es im nur durch das Wort »sprang« gebildeten sechsten Vers heißt.

Die Hermetik im Sinne einer semantischen Unauflösbarkeit bzw. Polyvalenz solcher Gedichte, die gezielt mit Nichtverstehen und Irritationen arbeiten, scheint zunächst im Widerspruch zu der Popularität und leichten Zugänglichkeit des in der Überschrift genannten Gegenpols hermetischer lyrischer Formen zu stehen – solchen, die im Kontext der Popkultur zu verorten sind. Als Beispiel können hier Popsongs dienen, deren mediale Form bereits daraufhin angelegt ist, in der kurzen Aufmerksamkeitsspanne von nur drei oder vier Minuten rezipiert zu werden. Doch heißt das nicht zwangsläufig, dass deren Lyrics weniger kunstvoll oder raffiniert gestrickt sind. So, wie hermetische Gedichte Anleihen an Popdiskursen machen, können auch Popsongs mit hermetischen Strukturen arbeiten. Ein Beispiel für einen zwar nicht unbedingt hermetisch zu nennenden, in Teilen aber selbstreflexiv verfahrenden deutschsprachigen Popsong von PeterLicht findet sich im unterrichtspraktisch ausgerichteten Schlusskapitel (vgl. 6.3), weshalb an dieser Stelle auf eine eingehendere Darstellung verzichtet wird.

4 Ebenen und Kategorien der Lyrikanalyse am Beispiel von Clemens Brentano: »Sprich aus der Ferne« (1801)

Wenn die Auseinandersetzung mit lyrischen Texten im Unterricht mitunter zu einem wenig erquicklichen Rätselspiel wird, ist das nicht unbedingt auf die Hermetik der Gedichte zurückzuführen. Ursache hierfür ist vielmehr oft die Tatsache, dass Schülerinnen und Schüler eine ihnen vorab nicht bekannte, vermeintlich ›einzig richtige‹ Lesart der Lehrperson nachvollziehen sollen, ohne selbst über ein Instrumentarium zu verfügen, auf dessen Grundlage sie sich eigenständig den Texten nähern können. Das folgende Kapitel setzt es sich deshalb zum Ziel, die Überstrukturiertheit lyrischer Sprache auf vier bzw. fünf verschiedenen Ebenen nachzuzeichnen: 1) *phonologisch* (d. h. mit Blick auf Klangstrukturen, wofür Kenntnisse zur Analyse von Metrum, Rhythmus und Reim notwendig werden), 2) *semantisch* (d. h. mit Blick auf die Wortbedeutung, insbesondere bezogen auf den vom Alltagssprachgebrauch abweichenden Einsatz sprachlicher Bilder), 3) *syntaktisch* (d. h. mit Blick auf den Satzbau sowie das Verhältnis von Satz und Vers) und 4) *textstrukturell* (d. h. in Hinblick auf Fragen, die sich damit beschäftigen, in welcher Weise Verse zu Strophen und diese wiederum auf Textebene zu Gedichten gefügt werden). Zu berücksichtigen sind zudem 5) *textübergreifende Zusammenhänge*: sie bilden eine fünfte Ebene, die zugleich auf die textintern fokussierenden ersten vier Ebenen zurückwirkt. Im Folgenden sollen Analysekategorien auf diesen Ebenen erläutert werden, deren Vermittlung Schülerinnen und Schülern den Zugang zu lyrischen Texten erleichtert, weil sie Orientierung schaffen und die Wahrnehmung von Gedichten schärfen helfen. Schematisch und ohne Einbindung in übergeordnete Gedankengänge angewendet werden sollten diese Kategorien jedoch selbstverständlich nicht.

Die folgenden, beispielhaften Konkretisierungen der Analyseaspekte anhand des Gedichts »Sprich aus der Ferne« (1801) von Clemens Brentano müssten im Unterricht entsprechend in übergreifende Zusammenhänge eingebettet werden. Die Erstveröffentlichung des ausgewählten Gedichts erfolgte im Kontext von Brentanos Roman *Godwi oder Das steinerne Bild der Mutter. Ein verwilderter Roman von Maria.* Es wird dort als Lied von der Figur Otilie während eines gemeinsamen Nachtspaziergangs mit dem Protagonisten Godwi gesungen. Diesen will sie von ihrer Auffassung einer beseelten Natur überzeugen, in deren Rahmen sie die nächtlichen Naturerscheinungen »als persönlich an sie adressierte Zeichen und mithin als ein freundliches Kommunikationsangebot interpretiert« (Herrmann 2011, S. 93):

Sprich aus der Ferne
Heimliche Welt,
Die sich so gerne
Zu mir gesellt.

Wenn das Abendrot niedergesunken,
Keine freudige Farbe mehr spricht,
Und die Kränze still leuchtender Funken
Die Nacht um die schattigte Stirne flicht:

Wehet der Sterne
Heiliger Sinn
Leis' durch die Ferne
Bis zu mir hin.

Wenn des Mondes still lindernde Thränen
Lösen der Nächte verborgenes Weh;
Dann wehet Friede. In goldenen Kähnen
Schiffen die Geister im himmlischen See.

Glänzender Lieder
Klingender Lauf
Ringelt sich nieder,
Wallet hinauf.

Wenn der Mitternacht heiliges Grauen
Bang durch die dunklen Wälder hinschleicht,
Und die Büsche gar wundersam schauen,
Alles sich finster tiefsinnig bezeugt:

Wandelt im Dunkeln
Freundliches Spiel,
Still Lichter funkeln
Schimmerndes Ziel.

Alles ist freundlich wohlwollend verbunden,
Bietet sich tröstend und trauernd die Hand,
Sind durch die Nächte die Lichter gewunden,
Alles ist ewig im Innern verwandt.

Sprich aus der Ferne
Heimliche Welt,
Die sich so gerne
Zu mir gesellt.

Brentano 1995. S. 175 f.

4.1 Phonologische Ebene

Metrum und Rhythmus

Die Versanordnung von Gedichten bringt es mit sich, dass sie auf ihrer Lautebene durch Metrum (und Reim, vgl. dazu den folgenden Abschnitt) Strukturen ausbilden können, die bedeutungstragend werden. Zugleich zielt die klangliche Gestaltung von Lyrik auf sinnliche Erfahrbarkeit und oft auf ästhetischen Genuss. Im Unterricht bewirkt sie allerdings meist ihr genaues Gegenteil: Die Arbeit an Metrik und Rhythmus ist noch einmal »besonders angstbehaftet« (Bers 2021, S. 79).

Um dem zu begegnen, werden zwei Dinge relevant: Erstens ist es wichtiger, dass Schülerinnen und Schüler bestimmte Klänge wahrnehmen, als dass sie diese sogleich exakt benennen können. Und zweitens sollte ihnen deutlich gemacht werden, dass Metrik und Rhythmus verschiedene Dinge sind und ggf. sogar einander gegenläufig sein können: Rhythmische Akzente, die auch abhängig von individuellen Lesarten, Betonungen, Sprechpausen sind, müssen metrischen nicht immer entsprechen. Wenn im Unterricht bei der Analyse des Metrums oft der Satz fällt: »Ich höre das aber nicht!«, hat dies seinen Grund auch darin, dass Gedichte im Vortrag (und ebenfalls bei der Subvokalisation, also einem sich nur in der Vorstellung ereignenden, ›mentalen‹ Hören und Nachvollziehen des Klangs beim eigentlich stillen Lesen) nicht metrisch starr skandiert, sondern individuell realisiert werden wollen: »Letztlich hat jedes Gedicht seinen ganz individuellen Rhythmus, der sich nicht typisieren, sondern nur im Einzelfall in seinem Verhältnis zum Metrum (sofern ein solches erkennbar ist) beschreiben lässt.« (Burdorf 1997, S. 72) – und rezeptiv verschiedenartig ausgestaltet werden kann.

Doch zurück zum Beispieltext »Sprich aus der Ferne«, an dem sich diese beiden Gedanken verdeutlichen lassen: Auffällig ist, dass dieser Text metrisch wie rhythmisch geformt ist. Diese Eigenschaft kann man in ganz unterschiedliche Worte fassen, einige werden sie vielleicht als Wellenbewegung begreifen, die den Eindruck eines Wechsels von Ruhe und Bewegung hinterlässt, andere als eine Art schwebend-fließende Leichtigkeit (vgl. Hönig 2008, S. 71), ganz so, wie es das Gedicht in seiner Mitte, der fünften Strophe, inhaltlich thematisiert: »Glänzender Lieder / Klingender Lauf / Ringelt sich nieder, / Wallet hinauf.«

Ausgehend hiervon lässt sich die Frage stellen, was die Wahrnehmungseindrücke auf der Textebene hervorruft. Dabei wird sich rasch feststellen lassen, dass Kurz- und Langstrophen – von wenigen Ausnahmen abgesehen – in sich jeweils einem einheitlichen Metrum folgen und sich zudem bei den dominanten Doppelsenkungen gegenseitig entsprechen: Bei den Kurzstrophen bilden die Verse 1 und 3 einen Daktylus (dreisilbiger Versfuß: betonte Silbe zu Beginn, gefolgt von zwei unbetonten) und einen Trochäus (zweisilbiger Versfuß: betonte Silbe zu Beginn, auf die eine unbetonte folgt), die Verse 2 und 4 den recht seltenen sog.

Chorjambus (viersilbiger Versfuß: betonte Silbe zu Beginn und am Ende, dazwischen zwei unbetonte; vgl. Herrmann 2011, S. 95).

Am Beispiel der Verse 1 und 2 sei dies kurz demonstriert: Betont ist die Silbe »Sprich«, es folgen zwei unbetonte Silben (die sog. Doppelsenkung): »aus der« – was einen Daktylus ausmacht –, bevor der Vers mit einer neuen Hebung und folgenden Senkung schließt: die Silbe »Fer« ist in »Ferne« betont, die Silbe »ne« nicht (sog. klingende oder weibliche Kadenz). Im zweiten Vers findet sich dann wiederum zu Beginn eine Hebung (die Silbe »Heim« in »Heimliche«), gefolgt von zwei Senkungen (»li-che«) und einer Hebung am Ende (»Welt«), nun ohne eine ihr folgende unbetonte Silbe (sog. stumpfe oder männliche Kadenz).

Das metrische Merkmal der Doppelsenkung greifen die Langstrophen auf, die aber uneinheitlicher als die Kurzstrophen sind. Auch hier macht es Sinn, dies Schülerinnen und Schülern zunächst an einer exemplarischen, genauen Lektüre vorzuführen, falls sie Probleme auf diesem Feld haben. Dafür wähle ich im Folgenden die ersten beiden Verse der zweiten Strophe, also Vers 5 und 6, aus: In Vers 5 findet sich eine Doppelsenkung gleich zu Beginn: »Wenn das«. Erst die dritte (Sprech-)Silbe (das »A« in »Abend«) wird betont, das Metrum bildet so einen Anapäst (dreisilbiger Versfuß: zwei unbetonte Silben, auf die eine betonte folgt). Dann folgen zwei weitere Senkungen (»bend-roth«). Das sich anschließende Wort »niedergesunken« weist zu Beginn eine neuerliche Hebung (»nie-«), zwei sich anschließende Senkungen (»-der-ge-«) sowie eine betonte (»-sun-«) und unbetonte Silbe am Ende (»-ken«) auf. Vers 6 bildet eine dem entsprechende Struktur aus, wobei die Silbe »kei« in »Keine« betont oder unbetont gesprochen werden kann, eine festgelegte Hebung folgt bei der Silbe »freu« in »freudige« mit einer anschließenden Doppelsenkung (»-di-ge«), das »Far« in Farbe wird entsprechend wieder betont, es folgen zwei weitere Senkungen (»-be mehr«) und eine abschließende sog. stumpfe oder männliche Kadenz in »spricht«. Während diese Strophe dem Versfuß des Anapästs (auf zwei unbetonte Silben folgt eine betonte) entspricht, sind die Verse der folgenden Langstrophen oft stärker daktylisch strukturiert. Letztlich bleibt mit Christoph Hönig für die metrische Struktur der Kurz- und Langstrophen zu konstatieren:

> »Es sind zwei einander entsprechende Metren jeweils mit der seltenen Doppelsenkung, die sich im Rhythmuswechsel [...] ablösen. Sie lassen sich allerdings schwerlich in feste, gegebene Versmaße pressen [...]. Wesentlich ist in jedem Falle die rhythmische Bewegung mit ihren Doppelsenkungen.« (Hönig 2008, S. 71)

Schülerinnen und Schülern sollte aufgezeigt werden, dass auch in diesem Gedicht die Stellen von besonderer Relevanz sind, an denen das sonst weitgehend einheitliche Metrum aufgebrochen wird und »der Widerspruch zwischen ›natürlichem‹ und metrischem Akzent [...] eine schwebende Betonung erzwingt« (Herrmann 2011, S. 98). So kommt es in allen Passagen, wo der Begriff »still« verwendet wird, zu schwebenden Betonungen auf zwei aufeinander folgenden Silben: »Und die Kränze stillleuchtender Funken«, »Wenn des Mondes still lindernde Thränen«, »Still Lichter funkeln«. Diese sind sonst nur an zwei, je nach Lesart auch drei weiteren Stellen (bei »tiefsinnig« und »wohlwollend«, ggf. auch bei »hinschleicht«) zu beobachten – was ein Hinweis darauf ist, dass die »[h]eimliche Welt«, die in Vers 1 aufgefordert wird zu sprechen, sich nur still mitteilt und so in einem anderen Modus spricht als die Alltagssprache der ›Tagwelt‹.

Reim und Alliteration

Auf phonologischer Ebene lassen sich weiterhin Reimstrukturen untersuchen, die ebenso wie das Metrum neben einem sinnlichen Reiz auch bedeutungstragende Funktionen erhalten können, da sie Beziehungen zwischen einzelnen Wörtern resp. Versen stiften bzw. diese beim Ausbleiben (sog. Waisen) verweigern. Hier ist zunächst der Endreim zu nennen, der sich über einen Gleichklang von Wörtern ab der letzten betonten Silbe definiert, und als Paar- (aa, bb, cc …), Kreuz- (abab cdcd …), Schweif- (aabccb), umarmender (abba cddc …) oder fortgesetzter Reim (aaaa bbbb …) gestaltet sein kann. Das vorliegende Beispiel weist diesbezüglich sowohl bei den Kurz- als auch Langstrophen einen Kreuzreim auf, und von einer Ausnahme abgesehen handelt es sich um reine Reime. Diese Ausnahme betrifft den unreinen Reim von Vers 22 und 24 (»hinschleicht« und »bezeugt«). Er lässt sich als Verweis darauf lesen, dass die Bezeugung im Sinne einer Offenbarung der nächtlichen »[h]eimliche[n] Welt« konventionelle Formen einer Bezeugung in dem Sinne überschreitet, dass sie nicht mit dem ›taghellen‹ Verstand greifbar, einsehbar ist. Die Kreuzstruktur der Reime wird bei einem späteren Blick auf die Gesamtkomposition des Gedichts noch relevant, bereits auf dieser Ebene verweist sie auf das Motiv einer Begegnung, einer ›Kreuzung‹ verschiedener Welten resp. Weltwahrnehmungsweisen. Jenseits des einen, bereits erwähnten unreinen Reimes, finden sich keine weiteren Unregelmäßigkeiten. Das Reimschema trägt so in seiner weitgehenden Konstanz mit zu dem Eindruck einer leichtfüßig-schwebenden, spielerischen Sprache bei, die sich wiederum als Hinweis auf den Mitteilungsmodus jener heimlichen Welt lesen lässt. Weiterhin kann sich Schülerinnen und Schüler die semantische Funktion von Klangphänomenen auch am Beispiel der Reimpaare der ersten Strophe erschließen, die die ersehnte Verbindung zur Nachtwelt zum Ausdruck bringen (»aus der Ferne« im Zusammenspiel mit »sich so gerne« sowie »[h]eimliche Welt« im Zusammenspiel mit »[z]u mir gesellt«).

Als weitere für das Gedicht wichtige Klangfigur ist die Alliteration zu nennen: Die betonten Stammsilben haben hier den gleichen Anlaut (d. h. Anfangslaut), was sich in Wendungen wie »freudige Farbe« (Vers 6), »schattigte Stirne« (Vers 8) und »tröstend und traurend« (Vers 30) finden lässt. Ebenso wie Binnenreime, die der vorliegende Text jedoch nicht aufweist, tragen sie mit zum ›Wohlklang‹ eines Gedichtes bei. Beim ausgewählten Beispiel konstituiert sich über die Alliterationen der zweiten Strophe zudem die zentrale Opposition des Gedichts im Übergang von der Tagwelt und ihrer »freudige[n] Farbe« zur »schattigte[n] Stirne« der Nachtwelt.

4.2 Semantische Ebene

Zu den Abweichungen lyrischen Sprachgebrauchs von der Alltagssprache auf der Ebene der Semantik, d. h. hinsichtlich des Aufbaus sprachlicher Bedeutungen, tragen unterschiedliche Gestaltungsmittel bei. So können Schülerinnen und Schüler etwa darauf achten, ob sich auffällige Wiederholungen einzelner Worte, Wortgruppen oder Wortfelder finden, und im Zuge dessen untersuchen, ob es dominante Leitmotive (im vorliegenden Fall insbesondere das der Nacht und der Dunkelheit) und/oder sprachliche Bilder gibt, die im Gegensatz zur Alltagssprache oft rätselhafter (und so für Bedeutungszuschreibungen offener) sind, deren mögliche Bedeutungen sich verschieben und die Irritationen oder Nichtverstehen auslösen können.[27]

Ähnlich wie bei den Beobachtungen auf phonologischer Ebene sollte der Unterricht auch hier zunächst an den individuellen Lesarten der Schülerinnen und Schüler ansetzen; die genauen Bezeichnungen aus dem ›Werkzeugkasten‹ rhetorischer Figuren sind von nachgeordneter Bedeutung (was nicht heißt, dass in höheren Jahrgangsstufen nicht zumindest grobe Kenntnisse über die Unterschiede zentraler Tropen wie Vergleich, Metapher, Metonymie, Allegorie oder Symbol vermittelt werden sollten). Sinnvoll ist es weiterhin, ausgehend von diesen ersten Beobachtungen die Schülerinnen und Schüler selbst Motive, Bilder, Themenfelder etc. benennen zu lassen, die sie, ggf. arbeits-

27 Vgl. zur Funktion von Irritationen und Nichtverstehen in ästhetischen Lernprozessen: Heimböckel/Pavlik 2022 sowie Olsen 2020, S. 49–73.

teilig, weiterverfolgen wollen, damit sie lernen, eigenständig wahrnehmen und beurteilen zu können, was für ihren jeweiligen Zugang zum Gedicht von zentraler Bedeutung ist. Beim vorliegenden Brentano-Gedicht werde ich mich im Folgenden auf zwei exemplarisch ausgewählte semantische Aspekte konzentrieren: Zum einen auf das Nachtmotiv, zum zweiten auf die Dialektik von Nähe und Ferne sowie das hierüber gesteuerte Wechselspiel von Ruhe und Bewegung.

»Heimliche« Nachtwelt

Die Zeit des Gedichts ist die der Nacht – vom Sonnenuntergang bis Mitternacht. Die Relevanz und Dominanz dieser zeitlichen Situierung ist durch Wiederholungen deutlich markiert: Allein der Begriff »Nacht«, Singular- und Pluralbildungen sowie Komposita eingeschlossen, fällt viermal, hinzu kommen hiermit in enger Verbindung stehende Begriffe (»Sterne«, »dunkle[] Wälder«) und Bilder wie das vom »niedergesunken[en] [Abendroth]« oder von »des Mondes still lindernde[n] Thränen«. Das Motiv der Nacht ist, wie im literaturgeschichtlichen Teil bereits ausgeführt, prägend für die Kunst und Literatur der Romantik:

> »Die Nacht ist die Zeit der Imagination, der vorgestellten Bilder, der freien Entfaltung der Einbildungskraft, weitestgehend unabgelenkt von Sinneseindrücken, da die alltägliche Umwelt, in Dunkelheit gehüllt, in den Hintergrund rückt. Die opake Außenwelt stellt eine ideale Projektionsfläche für die Welt der Vorstellung dar.« (Herrmann 2011, S. 96 f.)

Diese imaginativ überformte Wahrnehmung steht in Verbindung zu einer umfassenderen, die begrenzte irdische Tagwelt überschreitenden Dimension der menschlichen Existenz: »Das Gedicht weist über die eigenen Grenzen hinaus in den Raum der Transzendenz« (ebd., S. 101). Deutlich wird dies etwa in der zweifachen Verwendung des Attributs des Heiligen in Verbindung zum Wortfeld der Nacht: der »Sterne / Heiliger Sinn«, »der Mitternacht heiliges Grauen«.

Die nähere Kennzeichnung dieser Welt folgt einer für die romantische Poetologie und Ästhetik charakteristischen Denkbewegung in Form von Paradoxien, die ihre Dynamik gerade aus Ambivalenzen und Widersprüchen bezieht (vgl. Kremer 2010, S. 47): Angesprochen, ja herbeigerufen wird in Vers 1 eine transzendente Ferne, von der es aber zugleich heißt, dass sie »sich so gerne / Zu mir gesellt«. Auf die Dialektik von Nähe und Ferne wird noch zurückzukommen sein, hier sei zunächst auf eine weitere auffällige Zuschreibung eingegangen: das Adjektivattribut ›heimlich‹, mit dem diese Ferne näher gekennzeichnet wird. Da diesem Begriff heute nicht mehr alle Bedeutungsgehalte zukommen wie noch zu Beginn des 19. Jahrhunderts, sollten Schülerinnen und Schülern diese anhand des Eintrags im *Deutschen Wörterbuch* von Jacob und Wilhelm Grimm bekannt gemacht werden. Hier finden sich u. a. folgende Bedeutungen:

- »*zunächst von personen einheimisch, an einem bestimmten orte zu hause, gegensatz zu* fremd«
- »*aus der bedeutung des heimatlichen und häuslichen flieszt die vorstellung des traulichen und vertrauten*«

- *»aus dem heimatlichen, häuslichen entwickelt sich weiter der begriff des fremden augen entzogenen, verborgenen, geheimen, eben auch in mehrfacher beziehung ausgebildet«*
- »heimlich *für die erkenntnis, mystisch, allegorisch*: heimliche bedeitung, *mysticus, divinus, occultus«*
- *»anders ist* heimlich *im folgenden, der erkenntnis entzogen, unbewuszt«*
- »heimlich, *verschwiegen«*
- *»die bedeutung des versteckten, gefährlichen, die in der vorigen no. hervortritt, entwickelt sich noch weiter, so dasz* heimlich *den sinn empfängt, den sonst* unheimlich [...] *hat«*[28]

Das Bedeutungsspektrum der »heimliche[n] Welt«, von der in Brentanos Gedicht die Rede ist, reicht so von einer tiefen Vertrautheit, einer heimlichen im Sinne von heimischen Welt, über eine geheime, den Blicken zunächst entzogene Welt bzw. Erkenntnisform bis hin zu einer Welt, die heimlich im Sinne von mystisch-verschwiegen oder gar unheimlich sein kann. Das Gedicht spielt mit dieser Ambivalenz zwischen dem (eigentlich) Vertrauten, der wahren Heimat und der ebenso unbekannten wie unerreichbaren, in Teilen auch unheimlichen Ferne. Gerade dann, »[w]enn der Mitternacht heiliges Grauen / [b]ang durch die dunklen Wälder hinschleicht«, wird das »[f]reundliche[] Spiel« der

28 »Eintrag zu ›heimlich‹, adj. und adv.«, in: *Deutsches Wörterbuch von Jacob Grimm und Wilhelm Grimm*, Erstbearbeitung (1854–1960) [digitalisierte Version im *Digitalen Wörterbuch der deutschen Sprache*], online unter: www.dwds.de/wb/dwb/heimlich (Stand: 16.1.2024).

»[s]till [funkelnden] Lichter« erfahrbar – und so der den Alltagsverstand überschreitende Einblick darin ermöglicht, dass »[a]lles [...] freundlich wohlwollend verbunden« ist.

Insbesondere die vierte Strophe impliziert noch eine weitere Bedeutung, die mit dem Transzendenzbezug korreliert: Das sprachliche Motiv der »goldenen Kähne[]«, in denen »die Geister im himmlischen See [schiffen]«, beinhaltet im Verbund zu dem »Friede[n]«, von dem unmittelbar zuvor die Rede ist, »ein Moment des Gedenkens an andere Stimmen: die der Toten« (Herrmann 2011, S. 98). Auch dies bleibt der Nachtwelt vorbehalten, und eine solche Lesart bestätigt sich im Hinblick auf die erste Veröffentlichung im Roman *Godwi*: Die das Gedicht singende Otilie tritt hier gegenüber der Figur Godwi für eine ›romantische‹ Deutung einer Naturerscheinung im Sinne einer transzendenten Offenbarung ein, die in Verbindung zu einem alten Volksglauben steht, der besagt, »dass sich in nächtlichen Lichtern die Seelen (ungetauft) verstorbener Kinder zeigen, wobei das Licht bezeichnenderweise keinen *greifbaren* Körper hat, jedoch sehr wohl eine signifikante Erscheinung.« (ebd.)

Nähe und Ferne

Schon der erste Vers: »Sprich aus der Ferne« verdeutlicht, dass die Kommunikation mit und der Zugang zu dieser heimlichen Welt nicht in den Kategorien der Tagwelt und so einer vertrauten Nähe von Erscheinungen denkbar sind. Die Ferne markiert eine zeitliche und räumliche Grenze, die die irdisch-materiellen Erscheinungen hin zum Licht der himmlischen Gestirne überschreitet. Dabei vollzieht sich der Austausch mit dieser transzendenten Welt, die ›Nähe zur Ferne‹, nicht zuletzt in Form des lyrischen Gesangs: »Glänzender Lieder / Klingender Lauf / Ringelt sich nieder, / Wallet hinauf.«, womit das Gedicht autoreflexiv auch auf sich selbst verweist. Es ist »gleichzeitig Poesie und Poesie der Poesie« (Herrmann 2011, S. 97).

In seinen Abweichungen vom Alltagssprachgebrauch, in den ›dunklen‹, oft rätselhaften Bildern und ambivalent besetzten Begriffen, in seiner klanglichen Gestaltung fordert das Gedicht von seinen Leserinnen und Lesern einen anderen Wahrnehmungs- und Erkenntnismodus als den alltäglich-rationalen ein: Es geht nicht um ein begrifflich-fixierendes Erfassen bestimmter Sachverhalte oder Kategorien, vielmehr inszenieren und repräsentieren der Klang und die semantische Polyvalenz den Austausch mit der transzendenten Nachtwelt, die zugleich aber Ferne bleibt: »Imaginiert wird eine im Rahmen poetischen Sprechens als utopisch ausgezeichnete Welt, wie sie im Medium des lyrischen Gesangs wohl für einen Moment *aufscheint.*« (ebd., S. 94) Dabei treffen »himmlische und irdische Lieder [...] aufeinander, aber: sie werden nicht *ein* Lied, sondern bewegen sich vielmehr im Medium eines dritten, das *Sprich aus der Ferne* ... heißt.« (ebd., S. 96) Und so verwundert es auch nicht, dass die »Bewegung des Gedichts« am Ende wieder »in sich zurück[läuft]; denn die erste Strophe wird in der letzten Strophe wiederholt: Das Gedicht ist ein Zyklus.« (Probst 1994, S. 85)

Die transzendente Welt selbst bleibt somit unbewegt, »ewig«, wie es in der achten Strophe heißt, generiert aber sehr wohl Bewegung, indem sie sich augenblickshaft im Medium der flüchtigen Klänge des Lieds mitzuteilen scheint. Sprachlich markiert ist dies durch das anaphorisch zu Beginn der Langstrophen (mit Ausnahme der letzten[29]) jeweils wiederholte »Wenn« der Adverbialsätze, das in gleicher Weise konditional (also eine Bedingung kennzeichnend) wie temporal (also zeitlich) verstanden werden kann. An diesem Punkt wird bereits deutlich, dass die Bedeutungszuschreibungen zu einzelnen Begriffen oder sprachlichen Bildern eingebunden bleiben in eine hierüber hinausgreifende Analyse grammatischer bzw. syntaktischer Strukturen, in denen sie Verwendung finden. Grundlegend ist hier zu unterscheiden zwischen Gestaltungsmitteln, die nicht spezifisch auf Lyrik bezogen sind (so könnte die Beobachtung zur Funktion der Adverbialsätze in gleicher Form für einen Prosatext relevant sein), und solchen, die nur aufgrund der Versstruktur Verwendung finden können.

Lyrikspezifische Formen betreffen das oft spannungsgeladene Verhältnis von Satz und Vers, das etwa bei Enjambe-

29 Die Argumentation Herrmanns, dass es sich bei aller scheinbaren Apodiktik der Allverbundenheit in dieser letzten Langstrophe faktisch dennoch »um eine (verkappte) weitere Wenn-dann-Sequenz handeln« muss, ist allerdings plausibel: »Eine Strophe, in welcher die Allverwandtschaft gepriesen wird, die sich jedoch gleichzeitig aus dem umfassenderen Liedzusammenhang herauskatapultiert, ist selbstwidersprüchlich.« (Herrmann 2011, S. 101)

ments wichtig werden kann. Wenn von diesem Gestaltungsmittel bei Brentanos Gedicht primär die Kurzstrophen Gebrauch machen, hat dies nicht nur den trivialen Grund, dass die Verse hier nur etwa die Hälfte des Umfangs (und i. d. R. der Hebungen) der Langstrophen haben. Vielmehr tragen die Zeilensprünge mit dazu bei, dass ein Eindruck von Fluidität entsteht, der die insbesondere in den Kurzstrophen thematisierte wechselseitige Durchdringung (bzw. die Sehnsucht hiernach) von Ferne und Nähe, von irdischer Tageswelt und transzendenter Nachtwelt spiegelt.

Unabhängig von lyrikspezifischen Gestaltungsmitteln fallen im Gedicht auf syntaktischer Ebene neben den oben bereits angesprochenen temporalen bzw. konditionalen Adverbialsatzgefügen die diese Konstruktion tragenden Parallelismen auf: Mit Ausnahme der letzten setzen alle Langstrophen mit der durch die Konjunktion »Wenn« gebildeten Anapher ein und führen dann in Form sprachlicher Bilder gleichsam Bedingungsfaktoren all dessen auf, was in den Kurzstrophen als aufscheinende Kommunikation mit der Nachtwelt thematisch wird. In diesen bleibt in Form einer Ellipse allerdings stets das implizierte »dann« ausgespart, nur in der zweiten Langstrophe findet es einmal Verwendung und bildet eine abgeschlossene Konstruktion mit dem einleitenden »Wenn«. Dies ist auch darüber markiert, dass auf die folgende Kurzstrophe nicht mit einem Doppelpunkt verwiesen wird, sondern stattdessen ein Satzabschlusszeichen, der Punkt, steht. Die dann folgende Kurzstrophe mit dem autoreflexiven Verweis auf der »[g]länzende[n] Lieder / [k]lingende[n] Lauf« wird so syntaktisch noch einmal hervorgehoben; auf Textebene ist sie es ohnehin, denn sie bildet exakt die Mitte des Gedichts.

Neben diesen Gestaltungsmerkmalen bedienen sich beide Strophenformen weiterer Mittel, die alltagssprachlichen Satzbau verfremden: Hierzu zählen etwa zahlreiche Inversionen wie die Voranstellungen verschiedener Genitiv-Attribute (etwa in »der Nächte verborgenes Weh«, »der Mitternacht heiliges Grauen« oder »Glänzender Lieder / Klingender Lauf«). Sie verleihen der Sprache nicht nur einen gravitätischen, ›hohen‹ Ton, sondern rufen zunächst auch Fremdheitseffekte hervor, die zu genauer, langsamer und wiederholter Lektüre zwingen. Dies führt zu einem Rezeptionsmodus, der sich – wie schon auf der Ebene der ›dunklen‹ im Sinne von geheimnisvollen, nicht eindeutig dechiffrierbaren sprachlichen Bilder zu beobachten war – bewusst von alltagssprachlichen Routinen abgrenzt und so jene Erfahrungen ermöglicht, von denen das Gedicht inhaltlich spricht.

Guter Lyrikunterricht wird sich dadurch auszeichnen, den Schülerinnen und Schülern Beobachtungen zu den genannten Gestaltungsmitteln auf syntaktischer Ebene zu ermöglichen. Mit zunehmender Übung können sie dann selbst beurteilen, welche hiervon so relevant sind, dass sich mit ihnen weiterarbeiten lässt, insbesondere dann, wenn sie sich mit Beobachtungen auf anderen Ebenen verknüpfen lassen.

4.4 Textstrukturelle Ebene

Auch auf textstruktureller Ebene lassen sich Schülerinnen und Schülern lyrikspezifische Beobachtungen vermitteln und solche, die sie ebenso in anderen Textformen finden können. Bei lyrikspezifischen Analysen ist zunächst relevant, ob die Verse resp. Strophen bestimmten vorgegebenen Bauprinzipien im Sinne fester Strophen- (wie der im Kontext des Kinderlieds vom Butzemann schon angesprochenen Volksliedstrophe) und Gedichtformen (wie dem Sonett) folgen. Informationen und Hintergründe hierzu müssen Schülerinnen und Schülern i. d. R. an die Hand gegeben werden. Da Aufbau und Strukturen dabei häufig eine bedeutungstragende Funktion zukommt (auch bzw. gerade bei Abweichungen von bestimmten Formen), sollte auf diese Kontexte im Unterricht nicht verzichtet werden.

Das Brentano-Gedicht lässt sich als (Kunst-)Lied bestimmen: Neben dem Hinweis im Kontext des Romans *Godwi*, wo es von Otilie gesungen wird, weist der Text eine Reihe weiterer typischer Gestaltungsmerkmale von Liedern auf. Hierzu zählt sein vierversiger strophischer Aufbau mit wiederkehrenden Refrainstrukturen, die auch für die Volksliedstrophe charakteristischen drei- oder vierhebigen Verse in den Langstrophen sowie der Kreuzreim. Die Sangbarkeit des Gedichts verstärkt den emotional bewegten Ausdruck; dem Gesang kann in seiner Funktion, das Medium Sprache mit einem weiteren Medium, der Musik, zu koppeln und so eine zweite Ausdrucksebene mit einzubinden, eine die Vermittlung zwischen irdischer und transzendenter Welt verstärkende Funktion zugeschrieben werden. Die diesbezügliche Rolle von Liedern wird im Zentrum des Gedichts, in der fünften Strophe selbst thematisch.

Als weiteres lyrikspezifisches Gestaltungsmerkmal wird Schülerinnen und Schülern die Verwendung von zwei sehr unterschiedlichen Strophenformen ins Auge springen, deren Zusammenspiel bisher schon auf metrischer, semantischer und syntaktischer Ebene ausgewertet wurde: Eine bestimmte, in der Gegenwart der Sprechinstanz anzusiedelnde Naturerscheinung, die in den Langstrophen Gegenstand ist, »zieht buchstäblich eine andere nach sich, die gleichsam ihre Kehrseite bildet« (Herrmann 2011, S. 99) und in den Kurzstrophen ausgestaltet wird. »Im Hin und Her zwischen den Sphären vor dem opaken Hintergrund der Nacht, im schwebenden, nebelhaften Changieren der Bilder, ihrem allegorischen Oszillieren zwischen zwei Polen besteht ihr geheimnisvoller poetischer Zauber.« (ebd.) Die ›irdischen‹ Abend- bzw. Nachtszenerien verweisen somit auf die in den folgenden Kurzstrophen primär thematisierte Sehnsucht nach einem Austausch mit der transzendenten Welt. Die Tatsache, dass die erste Strophe sich am Ende wiederholt, markiert auch auf der Textebene, dass diese Sehnsucht nach Durchdringung der beiden Welten buchstäblich dort endet, wo sie begann.

Schülerinnen und Schüler erhalten am Beispiel des Gedichts zugleich Einblick darin, wie Lyrik graphisch-visuell resp. strukturell auf der Ebene des Druckbildes verfahren kann. Diesbezüglich lassen sich in »Sprich aus der Ferne« zwei übergeordnete Formationen ausmachen: die des Kreuzes und die des Spiegels. Das Kreuz als Strukturprinzip fand sich bereits auf metrischer Ebene in Gestalt des Kreuzreims. Auf graphischer Ebene begegnet es erneut: Das Gedicht »[präsentiert] sich […] als Vierer-Kette einander überlappender Kreuze (Kreuz 1: Strophen 1–3; Kreuz 2: Strophen 3–5; Kreuz 3: Strophen 5–7, Kreuz 4: Strophen 7–9)« (ebd.). Neben der möglichen Funktion, eine Begegnung bzw. ›Kreuzung‹ auch einander fremder Elemente nachzubilden, verweist das Kreuz als Symbol christlichen Glaubens auf eine das Irdische überschreitende Transzendenz. Es kann aber auch so gelesen werden, dass dieser Übergang immer wieder buchstäblich durchkreuzt wird. In dieser Lesart fängt die Struktur zugleich jene bereits angesprochene Dialektik von Erscheinen und Verbergen, Ruhe und Bewegung ein.

Dem spielt ein weiteres textstrukturelles Gestaltungsmerkmal zu, und zwar das der Spiegelungen. Sie lassen sich anhand des Rahmens, der identischen Eröffnungs- und Schlussstrophe, sowie der Spiegelachse, die die fünfte Strophe bildet, nachvollziehen:

> »Näher am Spiegel, also im Vordergrund des Bildes (Strophen 2–4 bzw. 6–8), werden einzelne Gegenstände erkennbar, die allerdings – und das leistet nun eben der nächtliche (Traum-/Zauber-)Spiegel – auf der Gegenseite jeweils anders erscheinen. Die gegensätzlichen Erscheinungsbilder werden dabei als einander entsprechende, intensiv aufeinander bezogene, mit einem Wort: verwandte Bilder gekennzeichnet. Nächtlich (Strophe 2) erscheint hier alles (Strophe 8; beide Strophen sind auch durch die Einrückungen des jeweils zweiten und vierten Verses verbunden, die bei den anderen beiden Langstrophen [4 und 6] fehlen); die Sterne (Strophe 3) finden ihre Entsprechung in den Lichtern (Strophe 7); dem Schmerz (Strophe 4) korrespondiert die Angst (Strophe 6). ›Glänzend[]‹ wie die ›Lieder‹ sind, geben sie einen hervorragenden Spiegel im Spiegel ab […].« (Herrmann 2011, S. 99)

Und doch bleibt ähnlich wie die Kreuzstruktur auch dieses Prinzip der Spiegelung ambivalent: Einerseits rekurriert es darauf, die Ferne, die Welt der Nacht, aus dem Irdischen heraus erscheinen zu lassen, ›abzuspiegeln‹, anderseits verbleibt dies, nimmt man das Motiv des Spiegels ernst, im Modus bloßer Reflexionen, nicht realer Erscheinungen: Mehr als ein Schein, ein Abglanz der transzendenten Welt ist im Irdischen nicht zu haben – und selbst dabei könnte es sich um Wunschprojektionen handeln.[30]

4.5 Textüberschreitende Ebene

Die bisher vorgestellten Analysekategorien schärfen zunächst die Wahrnehmung sprachlicher Gestaltungsmittel am Text selbst. Wie in den Ausführungen bereits deutlich geworden ist, bleibt zweierlei unabdingbar: Zum einen können die Kategorien weder in der Anwendung durch die Schülerinnen und Schüler noch in der didaktischen Vermittlung schlicht ›abgearbeitet‹ werden, sondern bedürfen einer sinnvollen Rahmung. Zum zweiten sind die Beobachtungen in Zusammenhänge zur Ereignis-, Kultur- und Literaturgeschichte zu bringen, allein schon deshalb, weil bereits die Untersuchung der sprachlichen Gestaltungsmittel an sich nicht unabhängig von diesen Kontexten gedacht werden kann. Dies zeigte sich bei den Analysen zu dem Gedicht Brentanos etwa am Beispiel der Bedeutung,

30 Wer im Unterricht diesem Motiv bis in die Popkultur der Gegenwart nachspüren will, kann dies am Beispiel des Songs »Reflektor« vom gleichnamigen Album der Gruppe *Arcade Fire* machen (Sonovox Records, 2013).

die dem für die Romantik zentralen Motiv der Nacht zukommt. An dieses Motiv angebunden bleibt die zentrale Rolle, die eine ästhetisch-imaginativ überformte Wahrnehmungsweise für die Sehnsucht nach einer Transzendenzerfahrung erhält.

Feste Analysekategorien sind auf der Ebene textüberschreitender Zusammenhänge schwer zu benennen, weil von Gedicht zu Gedicht abweichende Kontexte relevant werden. Deshalb sei an dieser Stelle auf die im dritten Kapitel dargestellten literaturgeschichtlichen Entwicklungen verwiesen, die einen groben Überblick über hier relevant werdende Sachverhalte geben können. Weiterhin können Dokumente zur Überlieferungsgeschichte eines Textes und zu verschiedenen Bearbeitungsschichten, ggf. auch zu unterschiedlichen Textfassungen hilfreich sein. Sie machen für Schülerinnen und Schüler die »Konstruktionsbedingungen von Literatur erfahrbar« (Bernhardt 2023, S. 73), schärfen den Blick für den lyrischen Schaffensprozess und so die Textwahrnehmung.

Gerade mit Blick auf didaktische Zusammenhänge werden aber zugleich Bezüge zur Gegenwart, zu individuellen wie kulturellen Kontexten, in denen die jeweiligen Schülerinnen und Schüler stehen, für einen fruchtbaren Zugang zu den Texten relevant. Aufgabe eines guten Lyrikunterrichts ist es, hier Verbindungen nicht nur zuzulassen, sondern gezielt zu fördern, etwa indem kultur- und literaturgeschichtliche Verbindungslinien von der Vergangenheit in die Gegenwart gezogen werden. Unter dem didaktischen Verfahren des vergleichenden Lesens finden sich im Kapitel 5.2 konkrete Vorschläge für das Brentano-Gedicht.

5 Didaktische Zugänge

5.1 Wegmarken

Der bereits erwähnte Lyriker Thomas Kling verwehrt sich in einem Essay mit polemischer Schärfe gegen jegliche Instrumentalisierung von Gedichten im Schulunterricht: »Poesie und Didaktik operieren auf gänzlich differenten Feldern« (Kling 1997, Sprachinstallation, S. 22). »Das Gedicht hat kein ›Lehrer-Lämpel-Institut‹ zu sein, es ist didaktikfrei« (Kling 2001, S. 53; vgl. Trilcke 2012, S. 181). Nun müssen Lehrerinnen und Lehrer aber nicht zwangsläufig sofort die Waffen strecken und Gedichte aus dem Unterricht verbannen, es braucht aber sehr wohl Alternativen für jene »rituellen Gedichtstunden« (Kepser/Abraham 2016, S. 179), von denen anfangs die Rede war, die bei den Lernenden bestenfalls Langeweile und schlimmstenfalls Angst vor Gedichten hervorrufen. Gemeinsam mit Ines Theilen habe ich in dem Band »*Wellenritt in riffreicher Zone«. Gegenwartslyrik im Unterricht* sechs »Wegmarken« benannt, die sich als Orientierungspunkte für den Umgang mit der sich oft einem raschen Verständnis entziehenden, sperrigen Gegenwartslyrik eignen, jedoch mit Anpassungen auch auf Gedichte aus anderen Zeiträumen übertragbar sind. Da sie zugleich die bisherigen Überlegungen noch einmal prägnant zusammenbinden können und so als Ausgangspunkt für die weiteren, konkretisierenden didaktischen Überlegungen dienen, sollen sie hier in leicht überarbeiteter Form zusammengefasst werden.[31]

31 Die folgende Darstellung greift zurück auf: Brune/Theilen 2019, S. 3–5.

1) **Lektüre verlangsamen:** Das Gelingen der Auseinandersetzung mit Gedichten entscheidet sich oft gleich zu Beginn. Lyrische Sprache erfordert andere Formen der Lektüre als die, die Schülerinnen und Schülern aus Alltagskontexten vertraut sind – und die in Teilen sogar im Widerspruch hierzu stehen können. Der ungewohnte Umgang mit Irritationen und begrifflich oft nicht klar auflösbaren Bildern macht es notwendig, Formen einer verlangsamten und wiederholten, bewussten Lektüre einzuüben. Dabei sollte die Textrezeption nicht nur thematisch, sondern auch zeitlich individualisiert werden. Übergeordnetes Ziel muss einerseits eine genaue, textnahe Lektüre sein, die andererseits aber in Form spielerischer, tentativer, reversibler und variabler Zugänge realisiert werden sollte.
2) **Sinn beständig verhandeln:** Solche Formen einer bewussten, verlangsamten Lektüre können es Schülerinnen und Schülern nicht nur ermöglichen, Bedeutungszuschreibungen flexibel zu halten, sondern auch, den Prozess der Bedeutungskonstitution selbst als individuell und kulturell vermitteltes Konstrukt von Sinnzuweisungen reflexiv werden zu lassen. Im Kontext eines solches ›Lesens zweiter Ordnung‹ nehmen die Lernenden bewusst Prozesse des Bedeutungsaufbaus bei sich und anderen wahr, was gerade bei ›Novizen‹ eine Abkehr von verinnerlichten Lesegewohnheiten bedeutet. Befördert werden kann eine solche Reflexion der Voraussetzungen, unter denen die eigene Bedeutungszuschreibung erfolgt, im Zuge notwendiger Begründungen eigener Bedeutungszuweisungen und im Austausch mit den Lesarten der Mitschülerinnen und Mitschüler.

3) **Sprachklang erfahren:** Genaue, bewusste und verlangsamte Lektüreformen begünstigen eine sinnliche Erfahrbarkeit des Mediums Sprache. Lernende diesbezüglich zu sensibilisieren, ihre Wahrnehmung des sprachlichen Klangs auszuschärfen, wird nicht nur ästhetische Erfahrungen befördern, sondern auch eine bewusstere Wahrnehmung musikalischer Ausgestaltungen lyrischer Sprache, etwa im Kunstlied oder Popsong.
4) **Irritationen nutzen:** Der Umgang mit Irritationen und Nichtverstehen unterscheidet sich von pragmatischen Sprachverwendungskontexten. Häufig wird gerade hierüber ein gegenstandsadäquater Zugang zu Gedichten ermöglicht, weshalb Schülerinnen und Schüler ermutigt werden sollten, Irritationsmomente zu benennen, um im Anschluss produktiv mit ihnen umgehen zu können. Ein vorschnelles Schließen solcher Verstehenslücken oder ein ›Verzweifeln‹ an ihnen wird sich oft als kontraproduktiv für die weitere Auseinandersetzung mit dem Text erweisen. Und auch die Erwartung, dass am Ende alle Fragen geklärt sein müssen, ist eine, die es zu überwinden gilt.
5) **Kontexte herleiten und Diskontinuitäten wahrnehmen:** Der Umgang mit literatur- und kulturgeschichtlichen Kontexten bleibt eingebunden in eine Dialektik, deren einer Pol zweifellos die Anforderung bildet, über Zusatzmaterialien oder -informationen Schülerinnen und Schülern relevante Hintergründe und intertextuelle Bezüge zu vermitteln, das Gedicht andererseits aber nicht hierauf zu reduzieren. Im Mittelpunkt sollte deshalb die Art und Weise stehen, wie

das Gedicht mit diesen Kontexten jeweilig umgeht, wie es sie ggf. neu anordnet, mit ihnen spielt und sie so in je nach Lektüre auch veränderbare Perspektiven setzt.

6) **Mit Distanzen spielen:** Oft dominiert bei Schülerinnen und Schülern noch das historisch auf einen recht engen Zeitraum begrenzte Konzept einer Erlebnislyrik, die rezeptiv vermeintlich auf den inneren Nachvollzug der scheinbar authentischen Mitteilung eines bestimmten subjektiven Gefühls oder einer Stimmung ausgerichtet ist. Dies ist allein deshalb aufzubrechen, weil es didaktisch eng mit der leidigen Frage der Autor-/Autorinnenintention verknüpft ist und den Zugang zu Gedichten so einengt oder ganz verstellt. Ziel eines guten Lyrikunterrichts sollte es in Anlehnung an den zweiten Aspekt literarischen Lernens von Kaspar Spinner vielmehr sein, »subjektive Involviertheit und genaue Wahrnehmung miteinander ins Spiel [zu] bringen« (Spinner 2006, S. 8). Für Letzteres sind den Schülerinnen und Schülern einerseits Instrumente an die Hand zu geben, die ihnen eine distanzierte Beobachtung der Texte erlauben; andererseits gilt es diese aber mit Unterrichtsformen zu verbinden, die es den Lernenden auch erlauben, die Texte für sich, ihre Lebenswelt und ihre Lebenskontexte produktiv zu machen und imaginativ ›weiterzuspinnen‹.

5.2 Verfahren

Im Folgenden werden verschiedene Lernwege in ihren jeweiligen Möglichkeiten, aber auch Grenzen vorgestellt, die eine Ausrichtung an einzelnen oder mehreren dieser Wegmarken zugleich erlauben.

Semiotisch-strukturalistische Analysen

Solche Verfahren schulen, indem sie die Art und Weise untersuchen, wie über sprachliche Zeichen Bedeutungen aufgebaut werden, primär eine genaue Textwahrnehmung. Vorteilhaft ist, dass die Lernenden sich zunächst erarbeiten können, wie ein Text gestaltet ist, bevor sie zu Bedeutungszuschreibungen übergehen. So kann die oft auftretende Problematik des Lyrikunterrichts vermieden werden, dass nach nur einer kurzen Lektürephase umgehend Textinterpretationen erfolgen (meist durch die Lehrkraft in Form eines fragend-entwickelnden Unterrichtsgesprächs initiiert), ohne dass den Schülerinnen und Schülern zuvor ausreichend Gelegenheit zur genauen Beobachtung von Gestaltungsmerkmalen gegeben wurde. Zu früh erfolgende Sinnzuschreibungen bleiben dann aber häufig nicht nachvollziehbar. In der Folge kann der Eindruck entstehen, dass die Lehrkraft nur das ›akzeptiert‹, was sie hören will, was eher Frust als Lust an Lyrik hervorruft.

Ein bereits in unteren Klassenstufen gut praktikables Verfahren im Rahmen dieses Ansatzes ist die Bestimmung semantischer Ordnungen, wie sie von Karla Müller mit Blick auf didaktische Vermittlungskontexte ausgearbeitet wurde (Müller 2013, S. 87–104). Ausgangspunkt ist der zuvor bereits angesprochene Gedanke, dass ein literarischer Text keinen »Wirklichkeitsausschnitt [abbildet], sondern ein bestimmtes Modell von Welt [entwirft].« (ebd., S. 88) Weiterhin gilt: »Die Grenzen des Texts sind die Grenzen des Modells von Welt.« (ebd.) Bei näherer Untersuchung der Frage, wie sich über die spezifische Modellierung der literarischen Welt Bedeutungen aufbauen, bleibt folglich nur eine Größe relevant: die Textgrundlage (freilich vor dem Hintergrund historischer Kontexte oder Intertexte, auf die Bezug genommen wird). Dies vermag zugleich ein weiteres, verbreitetes Vorurteil von Schülerinnen und Schülern gegenüber dem Lyrikunterricht aufzubrechen – dass nämlich stets etwas »in die Texte hineingelesen« werde. Bei dem genannten Verfahren ist es viel eher umgekehrt: Es wird etwas aus den Texten ›herausgelesen‹, und das bleibt intersubjektiv nachvollziehbar.

Die semantischen Ordnungen, die ein Gedicht etabliert, sind zunächst an Korrelationen, also Beziehungen einzelner Textelemente, ablesbar. Diese bauen sich in Form von Äquivalenzen, die Gemeinsamkeiten hervorheben, oder Oppositionen, die Gegensätze betonen, auf. Um solche semantischen Ordnungen ausfindig zu machen und im Anschluss auszuwerten, können Schülerinnen und Schüler auf Raum- und Zeitstrukturen, explizite Relevanzsetzungen, etwa im Titel oder über Wiederholungen, auf dominante Bilder oder Motive, Bezüge zwischen Anfang und Ende (vgl. ebd., S. 94), ggf. Rahmenstrukturen, insbesondere bei Gedichten aber auch auf Elemente der klanglichen Gestaltung wie Reime oder Metren sowie spezifische Strophen- resp. Gedichtformen eingehen.

Das dem letzten Kapitel zugrunde gelegte Gedicht Brentanos soll als Beispiel dienen: Hier bilden Tag- und Nachtwelt eine semantische Opposition, die durch die Dämmerung als Übergangszeit, mit der der Text einsetzt, markiert wird. Diesem Gegensatz zugeordnet ist eine weitere Opposition, und zwar die von Ferne (ein Begriff, dessen Relevanz bereits in der ersten Zeile markiert wird) vs. Nähe resp. die von ›oben‹ vs. ›unten‹ (vgl. die das Zentrum des Gedichts bildende 5. Strophe, in der von den sich niederringelnden resp. hinaufwallenden Liedern die Rede ist). Dem gliedert sich wiederum die Opposition von irdischer Welt im Gegensatz zur transzendenten Welt an. Als deren Repräsentanten stehen die verschiedenen Lichtquellen der Nacht (Mond, Sterne, »[s]till Lichter funkeln«) in einem Äquivalenzverhältnis. Auffallend hierbei ist, dass – dem Vers: »Alles ist ewig im Innern verwandt« folgend – immer wieder semantische Oppositionen durchbrochen und Gegensätze aufeinander bezogen werden: Dies betrifft nicht nur den Gegensatz von Immanenz und Transzendenz, Nähe und Ferne (»[d]ie sich so gerne / [z]u mir gesellt«), sondern auch die oben bereits entfaltete Dialektik von Bewegung und Ruhe sowie die Zeit der Dämmerung, in der beide, Tag- wie Nachtwelt, zusammenfallen. Und mit Blick auf die Gesamtkomposition des Gedichts stehen die Kurzstrophen einerseits und die Langstrophen andererseits jeweils in einer Äquivalenzrelation, während sich ihr gegenseitiges Verhältnis als Oppositionsbeziehung kennzeichnen lässt.

Über das genaue Beobachten solcher semantischen Ordnungen auf der Textoberfläche lässt sich im Anschluss für die Schülerinnen und Schüler nachvollziehbar »eine abstraktere semantische Tiefenstruktur rekonstruieren« (Müller 2013, S. 91), wobei literatur- und kulturgeschichtliche Kontexte notwendig mit hinzugezogen werden müssen, da sich das »Wert- und Normensystem einer bestimmten Zeit« (ebd., S. 92) hierin ebenso niederschlägt wie historisch bedingte Auffassungen vom Menschen, von der Natur, einer transzendenten Welt und nicht zuletzt auch der Literatur bzw. Lyrik. Dies wurde für das Gedicht Brentanos etwa anhand der Rückbezüge auf die Poetologie der Romantik, auf das Motiv der Nacht oder der Sehnsucht oben bereits ausgeführt.

Ein großes Potential hat dieses Verfahren im Lyrikunterricht deshalb, weil es auf eine Vielzahl von Gedichten anwendbar ist und sich in seinen Anforderungen anpassen lässt: Vom Erkennen »[e]infache[r] Oppositionen und ihre[r] expliziten semantischen Äquivalente« (ebd., S. 94), was bei weniger komplexen Texten bereits in der Primarstufe eingeübt werden kann, über die Beschäftigung mit impliziten Bedeutungsebenen unter Berücksichtigung kulturgeschichtlicher Kontexte bis hin zu abgestuften oder komplexeren, ggf. miteinander verwobenen oder aufgebrochenen Oppositionen (wie im Falle des Gedichts von Brentano), die ihrerseits wiederum philosophisches oder poetologisches Zusatzwissen verlangen (vgl. ebd., S. 98, 103), lässt sich das Vorgehen sehr differenziert auf die jeweilige Klasse bzw. Jahrgangsstufe und das ausgewählte Gedicht abstimmen.

Grenzen des Verfahrens sind in zweierlei Hinsicht zu erwähnen: Zum einen sollte diese eher distanzierte Beobachtung und genaue Wahrnehmung ermöglichende Zugangsform verbunden werden mit solchen Verfahren, die einen stärker involvierenden und imaginativ fortschreibenden

Zugang erlauben, um das Ziel der sechsten Wegmarke, »Mit Distanzen spielen«, auch von dieser Seite aus zu erreichen. Zum zweiten ist zu berücksichtigen, dass auch das Auffinden semantischer Ordnungen nicht so ›objektiv‹ ist, wie es auf den ersten Blick vielleicht zu sein scheint. Welche Gegensatz- und Äquivalenzbeziehungen Schülerinnen und Schüler an Gedichten beobachten, ist in Teilen bereits abhängig von ihrem individuellen, persönlich wie kulturgeschichtlich vermittelten Zugang. Zwar können bestimmte Gegensätze (wie die spezifische Erkenntnis- bzw. Erfahrungsform der Nachtwelt im Gegensatz zur Tagwelt bei Brentano) so deutlich vom Text markiert sein, dass sich hieran kaum ›vorbeilesen‹ lassen wird, andere (wie der Gegensatz von Ruhe und Bewegung) fallen aber vielleicht nur nach mehrfacher Lektüre und nicht allen in gleicher Weise auf; den Lernenden sollte folglich auch hier die Möglichkeit eines eigenen Zugangs gegeben werden.

Unterschiedliche Strukturierungen solcher semantischen Ordnungen lassen sich im Gespräch mit der gesamten Lerngruppe dann gut gemeinsam auswerten. Werden die jeweiligen Ordnungen begründet, führt dies zur zweiten der oben dargestellten Wegmarken und dem, was dort als ›Lesen zweiter Ordnung‹ bezeichnet wurde: Grundlagen und Prozesse des Bedeutungsaufbaus können bei sich und anderen wahrgenommen werden und zur Reflexion kommen.

Handlungs- und produktionsorientierte Zugänge

Eine Gegenüberstellung von semiotischen Verfahren zur Förderung einer genauen Textwahrnehmung zu handlungs- und produktionsorientierten Verfahren, über die sich ein höherer Grad an subjektiver Involviertheit erreichen lässt, wäre zu schematisch, um den Möglichkeiten beider Verfahren wirklich gerecht zu werden. So kann sich ein involvierender Zugang bei eher kognitiv ausgerichteten Schülerinnen und Schülern durchaus auch infolge einer genauen Textanalyse einstellen – und es gibt eine Reihe produktionsorientierter Verfahren, die sich eignen, um eine genaue Wahrnehmung sprachlicher Funktionsmechanismen zu befördern. Gleichwohl hat der handlungs- und produktionsorientierte Ansatz seine Stärken (nicht nur, aber auch) in der Arbeit mit Unbestimmtheits- und Leerstellen literarischer Texte, also mit Elementen oder Zusammenhängen, die unterbestimmt sind oder offen bleiben, die Leserinnen und Leser in der Rezeption aktivieren, ihre Vorstellungskraft anregen und so den Text überhaupt erst konkret werden lassen.[32] Dies verbindet sich mit dem Potential, Schülerinnen und Schülern individualisierte und dennoch auf den Text rückbezogene Zugänge zu ermöglichen.

Nicht zuletzt deshalb, weil je nach Lehr-/Lernarrangement mit handlungs- und produktionsorientierten Verfahren alle sechs der oben erwähnten Wegmarken verfolgt werden können, wird es für die Lehrkraft unabdingbar, sich im Vorfeld genaue Gedanken darüber zu machen, worauf sie mit den jeweiligen Aufgabenstellungen abzielt – andernfalls verkommen die Verfahren oft zum Selbstzweck und es kann sich rasch der Eindruck von letztlich beliebiger Spielerei einstellen. Eine gute Orientierung bietet hier das

32 Vgl. zu den literaturtheoretischen Hintergründen insbesondere rezeptionsästhetische Ansätze; paradigmatisch skizziert etwa in dem Aufsatz von Wolfgang Iser: »Die Appellstruktur der Texte« (Iser 1994, S. 228–252).

Phasenmodell von Günter Waldmann, das spezifisch für den produktiven Umgang mit Literatur im Unterricht entwickelt wurde und an dem entlang ich das Potential dieser Verfahren im Folgenden darstellen werde (vgl. Waldmann 2006, S. 27–38). Wie für alle anderen didaktischen Zugangsformen gilt auch hier, dass die ausschließliche Nutzung von handlungs- und produktionsorientierten Verfahren ermüdend wirken wird, worauf Waldmann explizit hinweist: Schülerinnen und Schülern würde ein »Unterricht über Lyrik, in dem sie unaufhörlich produzieren müssen, sehr schnell und gründlich verleidet sein« (Waldmann 2001, S. 275). Auch stellt er heraus, dass das Phasenmodell »idealtypisch [ist]; in der Praxis ergeben sich Akzentuierungen, Verschiebungen, Überschneidungen« (Waldmann 2006, S. 28).

Am Beginn steht eine optionale Vorphase, die der Auseinandersetzung mit dem Text in Form einer spielerischen Einstimmung auf dessen Thematik oder literarische Form etwa in Gestalt einer Phantasiereise oder eines Schreibspiels vorgeschaltet werden kann. Es ist allerdings darauf zu achten, dass auf diesem Wege nicht bereits ein Vorverständnis etabliert wird, das sich ggf. als kontraproduktiv für die weitere Textarbeit erweisen kann.

Die erste Phase verfolgt dann zunächst eine genaue, bewusste Textwahrnehmung und knüpft so an die erste der oben aufgeführten Wegmarken, »Lektüre verlangsamen«, an. Waldmanns Ziel ist es, genau jene

> »Verfahren, die Literatur überhaupt prägen, die der ›Verfremdung‹ und ›Komplizierung‹, selbst noch einmal und nun aus literaturdidaktischen Gründen auf den lite-

> rarischen Text anzuwenden, den die Schüler verstehen sollen, den Text nämlich so zu verändern, dass sein Lesen verzögert, gehemmt, gestört wird und dadurch genaueres Hinsehen auf den Text, bewusstere Wahrnehmung seiner spezifischen Merkmale und Vorgänge, eben intensives Lesen des Textes eingerichtet wird.« (Ebd., S. 31)

Verfahren, die dies ermöglichen, sind etwa Formen antizipierender Lektüre, bei denen zunächst nur einzelne Textteile (ggf. nur Schlüsselverse oder einzelne Wörter, wie der Titel oder Versfragmente) an die Hand gegeben werden und die Schülerinnen und Schüler Assoziationen hierzu äußern oder sich über einen möglichen Fortgang Gedanken machen können. Dies hält zu einer genauen Lektüre der ausgewählten Passagen ebenso an wie vorgenommene Umstellungen von Texten, eine ›Vermischung‹ mit einem anderen Gedicht – mit der Aufgabenstellung, das Original wieder zu rekonstruieren bzw. verschiedene Gedichte wieder zu entflechten. Auch kann mit Lücken gearbeitet werden, die sich nur dann stimmig füllen lassen, wenn der vorhandene Text im Umfeld genau gelesen wird. (Vgl. zu den hier genannten Verfahren: ebd.).

In einer zweiten Phase steht dann die »[k]onkretisierende subjektive Aneignung« (ebd., S. 32) im Mittelpunkt. Insbesondere hier sind Aufgabenstellungen zu finden, die eine involvierende Rezeption erlauben, indem Leerstellen des Textes vor dem Hintergrund individueller wie soziokulturell vermittelter Erfahrungen gefüllt werden. Die Textgrundlage sollte dabei allerdings nicht aus dem Blick geraten, sonst dienen diese Formen nicht mehr der Erschließung möglicher Deutungsangebote des Textes, sondern nur noch eigener innerer Welten. Verfahren, die dies gewährleisten können, sind mit ausreichend Zeit vorbereitete Sprechgestaltungen von Lyrik (vgl. hierzu Pfäfflin 2018, S. 315–330), szenische Darstellungsformen wie etwa die Gestaltung von Standbildern oder Stimmenskulpturen (bei einer durch Ambivalenzen gekennzeichneten Sprechinstanz), visuelle Umsetzungen, was nicht zwangsläufig in Form eigener Bilder oder Zeichnungen geschehen muss, sondern sich auch über Fotocollagen oder Videoclips realisieren lässt; ferner musikalische Untermalungen, die spezifische, über den Text vermittelte Stimmungen[33] zum Ausdruck bringen. Weiterhin können die Gedichte näher ›ausgefabelt‹ werden, indem bestimmte Gedanken oder Gefühle, die sie thematisieren, individuell konkretisiert bzw. fortgeführt werden (etwa in Form von Parallel- oder Antworttexten, die abgefasst werden). (Vgl. zu den hier genannten Verfahren: Waldmann 2006, S. 33.)

In einer dritten Phase steht dann die Erarbeitung sprachlicher Gestaltungsmittel im Vordergrund, was nun aber auf dem Fundament einer individuellen imaginativen Konkretisierung geschieht. Hierfür lassen sich die oben genannten semiotisch-strukturalistischen Verfahren einsetzen, produktionsorientierte Verfahren bieten aber gleichfalls Möglichkeiten. Sie eignen sich in besonderer Weise, um Lernende, die sich Sachverhalte weniger durch kognitive Abstraktion als durch eigenes Handeln erschließen, für Fragen

33 Vgl. zu einer näheren begrifflichen Klärung des in ästhetisch-literarischen Kontexten voraussetzungsreichen Terminus der Stimmung: Brune 2020, *Literarästhetische Literalität*, S. 275–278.

der Textgestaltung zu sensibilisieren. Auch hier geht Waldmann von produktionsästhetischen Überlegungen aus: Beim Verfassen literarischer Texte würden unter einer Vielzahl sprachlicher Gestaltungsmöglichkeiten bestimmte »Inhalte und Formmittel« ausgewählt, andere hingegen nicht realisiert (Waldmann 2006, S. 35). Ihrer jeweiligen Funktion nähere man sich so am besten, indem die Schülerinnen und Schüler die vom Text realisierten Gestaltungsformen verändern und so erfahren, wie sich hierüber andere Wirkungen einstellen.

> »Die Veränderungen von literarischen Texten sind also nicht spielerischer Selbstzweck, sondern dienen der eigenen produktiven Erfahrung, Erkundung und Erhellung, also dem individuellen produktiven Verstehen der literarischen Formen und Merkmale, der Funktionen, Leistungen und Wirkungen.« (Ebd.)

So können inhaltliche wie formale Elemente abgeändert werden, spezifische Gestaltungsmittel wie Enjambements etwa in einen Zeilenstil umgeformt werden oder es kann mit Vers- und Reimstrukturen gespielt werden. Daneben ist es möglich, ein Gedicht in dieser (oder der ersten Phase) als Fließtext mit dem Arbeitsauftrag zu geben, es in Verse zu setzen. Weiterhin lassen sich verschiedene Varianten eines Gedichts erstellen (etwa, was die Versanordnung betrifft), um zu beobachten, wie sich hieraus unterschiedliche Wirkungen ableiten.[34]

34 Vgl. hierzu etwa Waldmanns Beispiel zu dem Gedicht »Nicht müde werden« von Hilde Domin (Waldmann 2001, S. 31).

Die letzte Phase bei Waldmann beinhaltet eine textüberschreitende Auseinandersetzung (die ggf. auch schon zu einem früheren Zeitpunkt notwendig werden kann, wenn sie unabdingbar für den Zugang zum Gedicht wird). Ziel ist eine kultur- und literaturgeschichtliche Kontextualisierung, was Bezüge zu Intertexten einschließt und in die Erarbeitung eines Gesamtverständnisses einmündet, das die Inhalte der bisherigen Phasen aufgreift. Dabei darf die Wegmarke 4) »Irritationen nutzen« auch am Ende nicht aus dem Blick verloren werden: Fragen können offen, Nichtverstehen kann relevant bleiben; *Gesamt*verständnis heißt nicht, sich ein *abgeschlossenes* Verständnis zum Ziel zu setzen. Gerade, was die Erarbeitung von historischen Kontexten anbetrifft, werden analytische Verfahren die Arbeit mit produktionsorientierten ergänzen.

Mit Blick auf die letztgenannten bietet sich für die Etablierung eines Gesamtverständnisses je nach Gedicht die Möglichkeit an, fiktive Briefe an den Autor oder die Autorin zu schreiben, vielleicht auch eine Parodie zu verfassen. Weiterhin können sich insbesondere transformative, d. h. den Text neu gestaltende, inszenierende Verfahren als fruchtbar erweisen. Haas/Menzel/Spinner unterscheiden sie von sog. restaurativen Verfahren im handlungs- und produktionsorientierten Unterricht dahingehend, dass die ersteren primär auf eine antizipative Vervollständigung der mit Lücken oder Abbrüchen versehenen Texte zielen. Bei inszenierenden Verfahren ist hingegen das Original bekannt und wird Ausgangspunkt von Umgestaltungen, die Transformationen in ein anderes Medium beinhalten können oder Fortschreibungen bzw. Umgestaltungen (vgl. Haas/Menzel/Spinner 1994, S. 20 f.). Denkbar sind etwa Vertonungen von Lyrik, ggf. ausgehend von Sprechgestaltungen, oder graphisch-visuelle Umsetzungen.

Auch können Schülerinnen und Schüler zu eigenem lyrischen Schreiben hingeführt werden. Dies sollte insbesondere zu Beginn durch Scaffolding-Maßnahmen unterstützt werden, was etwa durch eine Ausrichtung an festen lyrischen Formen wie dem Elfchen oder dem Haiku geschehen kann. Hinweise auf den Einsatz bestimmter sprachlicher Mittel wie nicht eindeutig auflösbare Bilder, gezielte Wiederholungen, Enjambements etc. können zudem der Gefahr, dass die Texte sich zu sehr an der Alltagssprache ausrichten, entgegenwirken. Das eigene lyrische Schreiben schärft nicht nur rezeptiv den Blick auf Gedichte, es bietet auch die Möglichkeit, eigene Gedanken und Gefühle künstlerisch gestaltet zum Ausdruck zu bringen.

Literarisches Unterrichtsgespräch

Eine bereits angesprochene Problematik des Lyrikunterrichts besteht darin, dass individuelle Zugänge der Schülerinnen und Schüler im Rahmen eines fragend-entwickelnden Unterrichts oft zu wenig Berücksichtigung finden.[35] Die Rolle, die der Lehrkraft hier zufällt, besteht darin, durch Fragen die Lernenden nach und nach auf ›den Weg der Erkenntnis‹ zu führen – einer Erkenntnis, in deren Besitz sie sich selbst von Beginn des Gesprächs an zu wissen glaubt. Insbesondere dann, wenn Polyvalenzen ausgeblendet, Leerstellen unzulässig geschlossen oder Beiträge der

35 Vgl. kritisch zum fragend-entwickelnden Unterrichtsgespräch: Spinner 1992, S. 309–321.

Lerngruppe, die nicht dem Zugang der Lehrkraft entsprechen, ausgeblendet werden, steht diese Gesprächsform einer adäquaten Annäherung an Gedichte im Weg.

Damit ist ausdrücklich nicht gesagt, dass der fragend-entwickelnde Unterricht generell keine Legitimation hätte – er kann sich sehr wohl eignen, um etwa Grundlagen der Lyrikanalyse zu vermitteln oder auch kulturgeschichtliche Kontextualisierungen vorzunehmen. Gerade zum Ausloten möglicher Deutungen bei polyvalenten Gedichten bieten aber Formen des literarischen Unterrichtsgesprächs, für das ich im Folgenden exemplarisch das Heidelberger Modell[36] auswähle, Vorteile. Diese Gesprächsform richtet sich hinsichtlich der oben aufgeführten Wegmarken insbesondere an Punkt 2) »Sinn beständig verhandeln«, 4) »Irritationen nutzen« und m. E. auch 6) »Mit Distanzen spielen« aus. Das literarische Gespräch eignet sich vor allem für kurze, ›sperrige‹ Texte, die sich einem raschen Verstehen entziehen, also für eine Vielzahl von Gedichten.

Im Gegensatz zum fragend-entwickelnden Unterricht steht das Ziel, die Schülerinnen und Schüler zu einer bestimmten Textdeutung zu führen, nicht von Beginn an fest. Es gilt eher das Gegenteil: Das literarische Unterrichtsgespräch versucht gerade jene »Charakteristika von Literatur besonders zur Geltung zu bringen, die sich kategorisch der abschließenden, fixierenden oder normieren-

36 Es handelt sich hierbei um das derzeit am breitesten rezipierte didaktische Modell literarischer Gespräche. Entwickelt wurde es von Gerhard Härle an der PH Heidelberg »seit etwa dem Jahr 2000 zunächst mit Marcus Steinbrenner und Johannes Mayer und dann mit einem wachsenden Kreis von Mitarbeiterinnen und Mitarbeitern« (Härle 2014, S. 37).

den ›Aneignung‹ entziehen – oder genauer: sich ihr widersetzen« (Härle 2014, S. 42). Literaturtheoretisch schließt dies an poststrukturalistische und dekonstruktivistische Ansätze an (vgl. ebd., S. 34), die Sinnzuschreibungen als gleitenden Prozess sehen, der an kein fixierbares Ende kommt. Hierbei werden letztlich Fragen des Bedeutungsaufbaus relevanter als einzelne Bedeutungszuschreibungen, die immer wieder verflüssigt werden. Der »Sinn« eines Textes wird als »dynamische Kraft« gefasst, »die aus dem Text heraus den Leser anspringt und zu einem ›Parcours‹ (Derrida) der Einsichten, Ahnungen und Verwerfungen antreibt, bis er erschöpft, nicht aber ans Ziel gelangt, sich eine Pause gönnen muss« (ebd., S. 42). Jeder einzelnen Textdeutung und Bedeutungszuschreibung kommt so nur der Status einer vorläufigen Station im Rahmen eines Prozesses zu, auf dem der eigentliche Fokus liegt: »Die Einsicht in die Unmöglichkeit des Findens von Wahrheit und endgültigem Verstehen macht […] sowohl die gelegentliche Rast als auch das erneute Aufbrechen notwendig.« (ebd., S. 59; vgl. Brune 2020, *Literarästhetische Literalität*, S. 94 f.) Dies bleibt untrennbar zurückbezogen auf die über das Gespräch etablierten dialogischen Strukturen im Sinne einer steten Aushandlung von ›Sinn‹ im gemeinsamen Austausch.

Die Lehrkraft übernimmt dabei eine partizipative Leitungsfunktion, was heißt, dass sie sich nicht nur in ihrer

> »Funktion als Gesprächsleitung, sondern auch als Teilnehmende in das Gespräch einbringt. In einem gelingenden literarischen Gespräch beteiligt sich die Lehrperson auch mit echten – das heißt, ihre eigenen Einstellungen, Wahrnehmungen und Fragen artikulierenden – Beiträ-

> gen. Auf diese Weise wird sie personal präsent und erfüllt ihre Funktion als *kompetenter Anderer*, als Modell, Vorbild und Gerüst [...].« (Steinbrenner/Wiprächtiger-Geppert 2010, S. 3)

Sie hat neben der Auswahl des Gedichts (und der Offenlegung der Gründe dafür) die Aufgabe, dem Gespräch Impulse zu verleihen, darauf zu achten, dass alle Beteiligten die Möglichkeit haben, sich in den Austausch einzubringen, Gesprächsbeiträge aufzugreifen, zu vernetzen und am Ende zu einem (in seiner Vorläufigkeit markierten) Abschluss zu bringen – sowie sich selbst authentisch mit eigenen Gedanken (als Partizipant!) einzubringen.

Das etwa 30-minütige literarische Gespräch sollte in Form eines Sitzkreises ablaufen und nicht mehr als 15 Teilnehmerinnen und Teilnehmer haben; sind Lerngruppen größer, bietet sich ein Arrangement mit Innen- und Außenkreis (der Beobachtungsaufgaben zum Gespräch im Innenkreis erhält) an. Strukturiert wird das Gespräch durch folgende Ablaufschritte (vgl. ebd., S. 7–9 sowie 11): Am Beginn steht ein kurzer Einstieg, bei dem der Rahmen und die Regeln kurz erläutert werden. Es folgt eine erste Textbegegnung, bei der es sich anbietet, das Gedicht mindestens einmal laut vorzulesen (was auch geübte Schülerinnen und Schüler übernehmen können) und es im Anschluss zur weiteren stillen Lektüre zu geben. Die sich anschließende erste Gesprächsrunde geht von einem Impuls aus, der

> »entweder mehr auf den Text selbst ausgerichtet sein [kann ...] (›welche Zeile, Wendung, Stelle hat mich besonders angesprochen, irritiert, ratlos gemacht‹); oder

> […] mehr auf die innere Resonanz der PartizipantInnen abheben [kann] (›welche Bilder, Gefühle oder Stimmungen hat der Text in mir ausgelöst‹).« (Härle 2014, S. 54)

Wichtig ist gleich zu Beginn, dass allen die Möglichkeit zur Äußerung gegeben wird, ggf. in Form eines kurzen Blitzlichts. Idealerweise stellt sich im Anschluss ein offenes Gespräch ein, das allen Beteiligten ausreichend Raum gibt, eigene Zugänge zum Text zu entwickeln. Der Lehrkraft kommen hier verschiedene Aufgaben zu: Sie sollte Impulse bereithalten, wenn das Gespräch nach längerer Zeit ins Stocken kommt, darauf achten, dass auch stillere Schülerinnen und Schüler Möglichkeiten haben, sich in das Gespräch einzubringen (was heißt, dass Zeit zum Nachdenken gegeben wird, ggf. Momente des Schweigens ›auszuhalten‹ sind) und auf die Einhaltung der Gesprächsregeln achten (wie: andere ausreden lassen, auf Beiträge anderer eingehen etc.). Je nach Gesprächsverlauf kann es weiterhin sinnvoll werden, Beiträge aufeinander zu beziehen oder ggf. strukturierend zusammenzufassen. Sollte sich das Gespräch zu weit von der Textgrundlage entfernen, ist die Aufmerksamkeit behutsam hierauf zurückzulenken. Am Ende sollte es keinen abrupten, sondern einen vorbereiteten Abschluss des Gesprächs geben, bevor in einer Schlussrunde alle noch einmal die Möglichkeit erhalten, »wichtig gewordene Verstehensaspekte oder Gesprächserfahrungen zu artikulieren und zu reflektieren.« (Steinbrenner/Wiprächtiger-Geppert 2010, S. 9)

So frei das literarische Gespräch auch ist, so wenig ist es eine ›vorbereitungsfreie Zone‹, eher gilt das Gegenteil: Gerade aufgrund der offenen Form bedarf es fundierter Kenntnisse über das jeweilige Gedicht und vorbereiteter möglicher Impulse. Steinbrenner/Wiprächtiger-Geppert haben ein Arbeitsblatt vorgelegt, das hierbei gute Dienste leistet (vgl. ebd., S. 12) und das im Folgenden stichwortartig für das Gedicht »Sprich aus der Ferne« exemplarisch konkretisiert wird. Die jeweilig genannten Punkte können selbstverständlich individuell variieren und sind erweiterbar.

Warum habe ich diesen Text ausgewählt? (sachliche/persönliche Gründe):

- Thematisierung einer anderen Wahrnehmungsweise der Welt
- Faszination der ›Nachtstimmung‹
- Ästhetischer Reiz des sprachlichen Klangs

Punkte, über die die Schülerinnen und Schüler ins Gespräch kommen könnten:

- Aufbau und Form (Langstrophen vs. Kurzstrophen)
- Funktion des Rahmens, d. h. Wiederholung der ersten Strophe als Schlussstrophe
- Formen/Modi der veränderten Wahrnehmung in der Nacht
- Rolle der Naturbilder
- Semantische Ordnungen: Oppositionen und Äquivalenzen
- Selbstreflexive Elemente
- Kreuzstrukturen (Reim, Strophen- bzw. Textebene) und deren mögliche Funktion(en)

Impuls für die erste Runde, die eher zum Text hinführen:

- Bezüge zum Nachtmotiv der Romantik: Welche Aspekte umfasst das Motiv in diesem Gedicht?
- Paradoxien und Widersprüche – Formulierung von Irritationen, die das Gedicht auslöst

Impulse für die erste Runde, die eher zu eigenen Erfahrungen hinführen:

- Bezüge zu eigenen Assoziationen zum Motiv der ›Nacht‹
- Wirkung des Textes / vermittelte Stimmung

Impulse für die Schlussrunde:

- Aspekte, die allererst durch das Gespräch am Gedicht wahrgenommen wurden
- Relevanz des Gedichtes für die eigene Gegenwart
- Je nach Unterrichtskontext: Vergleich zum Motiv der Nacht oder der Sehnsucht in anderen romantischen Texten und Gedichten

Literarische Gespräche sind keine ›Selbstläufer‹. Die sehr offene Form der Auseinandersetzung, bei der am Ende kein ›festes Ergebnis‹, kein Tafelanschrieb steht, kann bei Schülerinnen und Schülern zumindest anfangs auf Widerstände stoßen und muss eingeübt werden,[37] auch was hierfür not-

37 Vgl. hierzu Härle 2014, S. 36: »Kein reformpädagogischer Eifer und keine soziomoralisch verantwortete Didaktik schaffen die gesellschaftliche Funktionalisierung von Literatur und literarischer Bildung aus der Welt, in der die Schule steht.«

wendige Gesprächsfähigkeiten angeht. Geschieht dies und ist das Gespräch sorgfältig vorbereitet, kann diese Form aber gerade den Lyrikunterricht immens bereichern – ggf. in Verbindung zu anderen hier aufgeführten Verfahren.

Textnahes Lesen und heuristisches Schreiben

Das textnahe Lesen zielt auf eine präzise Beobachtung sprachlicher Merkmale und will von hier aus Bedeutungsangeboten literarischer Texte in Verbindung zu Schreibaufgaben nachgehen, weshalb es im Zusammenhang zu Formen heuristischen Schreibens vorgestellt wird. Dabei richtet es sich primär an den Wegmarken 1) »Lektüre verlangsamen«, 2) »Sinn beständig verhandeln« und 4) »Irritationen nutzen« aus. Bei entsprechenden Modellierungen lassen sich aber je nach Schreibaufgabe auch Ziele anderer Wegmarken erreichen.

Bei der kurzen Vorstellung[38] beziehe ich mich zunächst auf den Ansatz bei Elisabeth Paefgen, die den Begriff des textnahen Lesens in der literaturdidaktischen Diskussion der letzten 25 Jahre nachhaltig geprägt hat (vgl. Kämper-van den Boogaart 2010, S. 272). Ausgangspunkt ist die Verbindung der beiden literaturbezogenen Arbeitsformen des Lesens und Schreibens:

> »Textnahes Lesen soll […] verstanden werden als genaues, langsames, gründliches Studieren eines literarischen Textes; als ein Lesen mit Stiften, mit Papier, mit Zeit und

38 Vgl. grundlegend: Kämper-van den Boogaart 2010, S. 271–282. Die folgenden Ausführungen greifen in Teilen zurück auf: Brune 2020, *Literarästhetische Literalität*, S. 290–293.

> Geduld für den Satz, den Absatz, die Seite; als ein statarisches Lesen, das häufiges Zurückblättern ebenso wenig scheut wie wiederholtes Lesen ein- und derselben Passage, ein- und desselben Textes.« (Paefgen 1998, S. 14)

Karlheinz Fingerhut hat diese intensive, verlangsamte Begegnung mit dem literarischen Text mit Formen des heuristischen Schreibens gekoppelt, verstanden als

> »Ausdruck eines suchenden Verstandes [...]. Das heuristische Schreiben konzentriert sich auf das Ungeklärte, Widersprüchliche im Text, es sucht nach den Stolpersteinen der Phantasie, nach Auseinandersetzung, es durchdenkt Alternativen, aber es ersetzt nicht einfach interrogative Strukturen durch affirmative.« (Fingerhut 1996, S. 21)

Irritationen bilden hier den Ausgangspunkt eigener Überlegungen, Sinnzuschreibungen können erprobt, ggf. revidiert und neu unternommen werden. Diesbezüglich schließt das Verfahren an die Prozessorientierung des literarischen Gesprächs nach dem Heidelberger Modell an.

Eine konkrete Umsetzung kann etwa so aussehen, dass Schülerinnen und Schülern kurze Textfragmente (Verse oder auch nur einzelne Worte/Halbverse) diktiert werden, zu denen sie im Anschluss »ihre eigenen Kommentare, Fragen und Überlegungen [...] notieren« (Paefgen 2008, S. 201; vgl. Hochstadt/Krafft/Olsen 2015, S. 165). Ziel dieses »doppelte[n] Schreiben[s]« (ebd.) ist so zweierlei: Mit Blick auf den Gegenstand infolge des Schreibprozesses die Lektüre zu verlangsamen, gewohnte Leseroutinen aufzubrechen und so eine exakte Textwahrnehmung zu befördern; mit Blick auf die Rezeption zumindest bei Paefgen eine kognitive Erschließung der Texte nach dem Motto: »Wenig Lesen – viel Denken« (Paefgen 1998, S. 21). Dies bedeutet aber keinesfalls, dass sich das Verfahren nicht auch nutzen lässt, um vorstellend-imaginative Zugänge zu ebnen, indem einzelnen vom Text aufgerufenen Bildern oder Stimmungen nachgegangen wird.

Hierzu eignet sich insbesondere das von mir unter Rückgriff auf die Konzepte Paefgens und Fingerhuts entwickelte Verfahren eines interlinearen Lektürekommentars, bei dem kurze, sprachlich ›dichte‹ Texte – und hierzu zählen Gedichte in besonderer Weise – den Schülerinnen und Schülern entweder digital als Word-Datei, in die sie hineinschreiben sollen, oder mit ausreichend Freiraum unter und neben den Zeilen auf Papier mit folgendem Arbeitsauftrag an die Hand gegeben werden:

> »Lesen Sie den Text langsam und aufmerksam. Notieren Sie *im Zuge Ihrer ersten Lektüre* alle Wahrnehmungen, Vorstellungen, Gedankengänge, Assoziationen oder Fragen, die Ihnen durch den Kopf gehen – ebenso wie emotionale oder körperliche Reaktionen. Nichts ist hier irrelevant oder abwegig und es gibt keine ›richtigen‹ oder ›falschen‹ Aussagen. Ebensowenig kommt es darauf an, vollständige Sätze zu formulieren oder grammatisch bzw. orthographisch korrekt zu schreiben. Notieren Sie also wirklich alle Beobachtungen ausführlich genau an der Stelle in den Text hinein, wo diese auftreten – bitte in einer anderen Farbe oder Schrift, um sie vom Text abzugrenzen.« (vgl. Brune 2020, »Textnahes Lesen«, S. 19)

Das Verfahren gibt den Schülerinnen und Schülern die Freiheit, selbst zu bestimmen, wo sie ihre Lektüre unterbrechen und welche Textfragmente sie jeweils fokussieren, da kein Diktat vorgegebener Abschnitte erfolgt (was nicht ausschließlich ein Vorteil ist, aber einer sein kann). Diese erste Aufgabe kann flankiert werden von einem zweiten Schreibauftrag, der in Verbindung zu Wiederholungslektüren den gesamten Text in den Blick nimmt und Beobachtungen hierzu abruft.

Wertet man im Anschluss die verschiedenen Notate in der Lerngruppe gemeinsam aus, können unterschiedliche Zugänge sichtbar werden, so dass Bedingungen von Sinnzuschreibungsprozessen über den Vergleich transparent werden – und den Schülerinnen und Schülern vor Augen geführt wird, dass Gedichte je nach Lektüre unterschiedlich aktualisiert werden können. Solange diese Zugänge mit der Textgrundlage vereinbar sind, intersubjektiv vermittelbar bleiben, bleibt der Gegenstandsbezug gewahrt und werden rein persönliche Spekulationen vermieden.

Ergänzt oder verbunden werden kann dieses Verfahren mit Formen des freien, d. h. zunächst vom Text losgelösten heuristischen Schreibens, das vorgegebene Schlüsselbegriffe oder Leitmotive des Gedichts fokussiert (mit Blick auf »Sprich aus der Ferne« etwa: Nacht oder Sehnsucht), bevor dann über einen zweiten Schreibauftrag eine eingehende Auseinandersetzung mit dem Text erfolgt. Auch kann sich das »assoziative Schreibgespräch als Variante des heuristischen Schreibens« (Jander 2012, S. 54) in Einzelfällen anbieten, um die Vorteile des Verfahrens mit dialogischen Austauschformen zu verbinden, so dass sich die Lernenden nicht zu sehr buchstäblich mit dem Text ›alleingelassen‹ fühlen (vgl. Brune 2020, *Literarästhetische Literalität*, S. 314).

Den aufgezeigten Vorteilen des Verfahrens stehen dabei einige Grenzen gegenüber: Wie bei allen anderen Verfahren wird hier – vielleicht sogar insbesondere, da schreibende Formen der Auseinandersetzung mit Texten bei Schülerinnen und Schülern zumindest anfangs oft auf Widerstände stoßen – ein ›Zuviel des Guten‹ das Gegenteil von dem bewirken, worauf hingeführt werden soll. Auch kann die sehr freie Form Einzelne dazu verleiten, sich trotz der im Titel des Verfahrens schon dokumentierten Textnähe letztlich doch in subjektiven Spekulationen zu verlieren, die kaum oder gar nicht mehr an die Textgrundlage angebunden sind. Ein Gespräch über die jeweiligen Zugänge, ggf. in Partner- oder Kleingruppenarbeit, kann Abhilfe schaffen.

Vergleichendes Lesen

Das vergleichende Lesen eignet sich in seinen unterschiedlichen Umsetzungsmöglichkeiten, um sich an fast allen oben genannten Wegmarken auszurichten. Es regt die Aktivität der Lernenden an und kann ihnen infolge der mit dem Vergleich einhergehenden Fokussierung der »Aufmerksamkeit auf bestimmte Vergleichsaspekte« (Köster/Spinner 2002, S. 7) Beobachtungen ermöglichen, die ohne die Vergleichsfolie vielleicht nicht in den Blick kämen. Gerade kontrastive Vergleich schärfen die Wahrnehmung verschiedenartiger sprachlicher Gestaltungsformen wie auch inhaltlich-thematischer Unterschiede, die etwa das Aufgreifen eines gleichen Motivs betreffen (vgl. ebd., S. 6 f.).

Dabei gilt allerdings zugleich, dass Vergleichspunkte den

Blick auf den Ausgangstext verändern oder präfigurieren; es handelt sich um Lernarrangements, die die Sichtweise von Schülerinnen und Schülern immer ein stückweit lenken. »Aufgrund dieses konstruktiven Charakters kommt dem Vergleich [aber auch] ein kreatives Moment zu« (ebd., S. 7), das sich insbesondere dann nutzen lässt, wenn Schülerinnen und Schülern mehr und mehr in die eigene Hand gegeben wird, welche Gegenstände oder Aspekte sie für einen Vergleich heranziehen möchten. Weil sie hierbei bereits mit im Auge haben, was den Reiz des jeweiligen Vergleichs ausmacht, lässt sich so ein eigenständiger Umgang mit Lyrik schulen. Doch auch dann, wenn zunächst Vergleichsaspekte von der Lehrkraft vorgegeben werden, bleibt den Lernenden für die konkrete Ausgestaltung Spielraum, den sie eigenständig füllen können, da i. d. R. ja nur Felder für die jeweilige Textarbeit benannt werden. Wie genau einzelne Aspekte dann in Bezug gesetzt und Beobachtungen ausgewertet werden, wird in vielen Fällen von individuellen Zugängen abhängen. Schließlich ermöglicht das Vergleichen, die an sich oder bei anderen wahrgenommenen Wirkungen des Textes durch die Bestimmung unterscheidender Merkmale genauer herleiten zu können und so »die Gefahr subjektiver Beliebigkeit und Unverbindlichkeit im Literaturunterricht zu mindern« (ebd.).

Konkret kann über den Abgleich beispielsweise mit Textvarianten oder Bearbeitungsschichten der Textgenese der Lektüreprozess verlangsamt (Wegmarke 1) und die Aufmerksamkeit so gezielt auf Detailveränderungen gelenkt werden. Der Vergleich zu thematisch oder motivisch verwandten Gedichten kann ebenso wie ein Vergleich möglicher Vers- oder Strophenanordnungen dazu beitragen, verschiedenen Bedeutungsangeboten des Textes nachzugehen und so Sinnzuschreibungen flexibel zu halten (Wegmarke 2) oder unterschiedliche Bearbeitungen eines Stoffes vor dem Hintergrund kultur- oder literaturgeschichtlicher Kontexte zu reflektieren (Wegmarke 5). Ein Vergleich verschiedener Sprechgestaltungen eines Gedichts vermag die Wahrnehmung des sprachlichen Klangs auszuschärfen (Wegmarke 3). Und schließlich befördern die unten näher entfalteten verschiedenen Vergleichsmöglichkeiten das im Rahmen von Wegmarke 6) thematisierte Zusammenspiel von genauer Textwahrnehmung (da gerade Einzelheiten der sprachlichen Gestaltung und ihre Wirkungen oft über den Vergleich bewusster wahrgenommen werden) und subjektiver Involviertheit (da die für die genaue Vergleichsarbeit notwendige Konzentration, die Schülerinnen und Schüler in das Gedicht ›hineinzieht‹, mit dazu beitragen kann, dass sie für sich relevante weiterführende Fragestellungen erschließen).

Bei der Vorstellung verschiedener Formen vergleichenden Lesens orientiere ich mich im Folgenden an den von Juliane Köster und Kaspar Spinner dargestellten Verfahren und beginne mit dem *intratextuellen Vergleich*, der auf »Bezüge *innerhalb* eines Textes« (ebd., S. 10) ausgerichtet ist. Untersucht werden können bestimmte, dominante Motive des Gedichts oder auch Formen der sprachlichen Gestaltung. Für Brentanos »Sprich aus der Ferne« bietet es sich etwa an, die jeweilig über die Spiegelachse der fünften Strophe aufeinander bezogenen Strophen zu vergleichen. Sind die erste und letzte Strophe identisch, so verweisen auch die zweite und achte, die dritte und siebte und die vierte und sechste aufeinander: »Nächtlich (Strophe 2) erscheint hier alles (Strophe 8); die Sterne (Strophe 3) finden ihre Entsprechung in den Lichtern (Strophe 7); dem Schmerz (Strophe 4) korrespondiert die Angst (Strophe 6).« (Herrmann 2011, S. 97) Auf der Hand liegt weiter ein metrischer und semantischer Vergleich zwischen den Kurz- und Langstrophen (vgl. hierzu die Ausführungen oben).

Bei einem *intertextuellen Vergleich* (vgl. hierzu Köster/Spinner 2002, S. 10 f.) lassen sich Merkmale eines Gedichts über einen Bezug zu anderen Texten (oder anderen Fassungen des gleichen Textes) gezielt herausarbeiten. Auch hier kann der Fokus etwa auf unterschiedlichen Ausgestaltungen einzelner Motive, Themenfelder oder auch sprachlicher Gestaltungsformen (wie bestimmten Gedichtformen, etwa beim Sonett im Vergleich zu freieren Gedichtformen oder Varianten innerhalb dieser Form) liegen. Für das ausgewählte Beispiel »Sprich aus der Ferne« bietet sich z. B. ein Vergleich zu dem barocken Gedicht »Abend« von Andreas Gryphius (Gryphius 2001, S. 167) an, dem verwandte Motive und Szenarien zugrunde liegen, ggf. auch unter Hinzuziehung des gleichnamigen Gedichts von Rainer Maria Rilke. Während Gryphius' Sonett am Ende in den beiden Terzetten wie ein Gebet ausklingt, so stellt sich der Bezug zur Transzendenz bei Brentano primär über Kunst (genauer: lyrischen Gesang) und Imagination ein, bei Rilke bleiben die Eindrücke hingegen »unsäglich zu entwirrn«; das menschliche Leben wird so in gleicher Weise als »bang und riesenhaft und reifend« erfahren (Rilke 2001, S. 560). Reizvoll ist darüber hinaus, bleibt man innerhalb der Romantik, ein Vergleich des Brentano-Gedichts mit »Zwielicht« von Joseph von Eichendorff, das den Übergang von Tag zu

Nacht als eine Zeit der Gefahr und Gefährdung zur Darstellung bringt.

Der *intermediale Vergleich* setzt das Gedicht in einen Bezug zu einem anderen medialen Produkt, etwa einem Musikstück, einem Film, einem Gemälde oder einer Skulptur. Dabei ist darauf zu achten, dass die jeweiligen Medienspezifika Berücksichtigung finden. Auch wenn ein Bild- und ein Textmedium gleiche Motive verwenden, so werden ein Gemälde oder ein Film ihre Wirkung auf Basis ganz anderer formaler Gestaltungselemente entfalten als ein Text; es bedarf folglich anderer Fähigkeiten, um sich mit ihnen auseinanderzusetzen. Bleibt man im kulturgeschichtlichen Kontext, bietet sich für das Brentano-Gedicht ein Vergleich zu dem Gemälde von Caspar David Friedrich »Mann und Frau in Betrachtung des Mondes« (um 1824).

Gemeinsam ist den Gestaltungen in beiden Medien das Nachtmotiv (nimmt man den Romankontext von *Godwi* bei Brentano mit hinzu, gilt das auch für den gemeinsamen nächtlichen Spaziergang von Mann und Frau), das ambivalent besetzt ist. Der in Teilen entwurzelte Baum kann, gerade im ›Ausgriff‹ der Wurzeln auf das Paar, in einen Bezug zu jenem »heilige[n] Grauen« gesetzt werden, von dem es bei Brentano heißt, dass es »[b]ang durch die dunklen Wälder hinschleicht«. Bei Friedrich wie bei Brentano kann der sehnsuchtsvolle Blick in die Ferne, in den vom Mond erleuchteten Nachthimmel, als nur imaginativ realisierbarer Zugang zu einer transzendenten Welt gedeutet werden, im Bild verkörpert durch den Graben oder die Schlucht, die das Paar vom gegenüberliegenden Berghang trennt. Auch die hervorgerufene Stimmung weist Verbindungen auf: Die Nachtszenerie wirkt gleichermaßen faszinierend wie

Abb. 2: Caspar David Friedrich: Mann und Frau in Betrachtung des Mondes, Öl auf Leinwand, um 1824

bedrohlich und konfrontiert den Menschen mit einer ihm fremden Welt, die seine Existenz übersteigt – und zugleich Tod konnotiert (vgl. bei Friedrich den schon angesprochenen abgestorbenen Baum, das Moos und den Stein im Vordergrund). Beim Gedicht stellt sich diese Wirkung über Semantik und Sprachklang ein; für das Gemälde gilt, dass auch hier Bildmotive semantisch besetzt sind (wie der entwurzelte Baum, das Mondlicht oder der Graben vor der Anhöhe, auf der das Paar steht), zugleich vermitteln spezifische Maltechniken, wie die Wahl der Farben, Lichteffekte und die Anordnung der Objekte auf der Leinwand eine im Sinne des Brentano-Gedichts ›heimliche‹ Stimmung.

Die nähere Charakteristik dieser Stimmung kann genutzt werden, um zu einer weiteren bei Köster/Spinner aufgeführten Vergleichsform überzuleiten, und zwar den lebensweltlichen Vergleichen, »bei denen die eigene Situation der Leserin, des Lesers, die aktuellen Fragestellungen des gesellschaftlichen Lebens und auch historische Zeugnisse eine Rolle spielen« (Köster/Spinner 2002, S. 12 f.). Anknüpfungsmöglichkeiten bieten etwa Popsongs, die oftmals in der Romantik begründete semantische Gehalte des Nachtmotivs aufgreifen – gerade in seiner Opposition zur alltäglich-rationalen Tagwelt. Aufgrund der Einbindung von musikalischen Formen bewegt man sich zugleich im Bereich des intermedialen Vergleichs; zudem werden mit Blick auf englischsprachige Songs im Deutschunterricht zwangsläufig Fragen der Übersetzung relevant.[39] Lohnende Beispiele wären etwa Leonard Cohens »Night Comes On« vom Album *Various Positions*[40] oder das Konzeptalbum der norwegischen Progrock-Gruppe *Gazpacho* mit dem schlichten Titel *Night*[41], das in romantischer Tradition die verschwimmenden Grenzen von Traum und Realität sowie in Verbindung hierzu den schwankenden Boden des menschlichen Bewusstseins auslotet. Im Bereich deutschsprachiger Popmusik bietet sich der Song »So seltsam durch die Nacht« von Gisbert zu Knyphausen[42] oder vom gleichen Künstler »Ich bin ein Freund von Klischees und fun-

39 Vgl. hierzu unter didaktischer Perspektive und Rekurs auf die Lyrics Leonard Cohens: Henke 2019, S. 141–156.

40 Leonard Cohen, *Various Positions*, Columbia 1984.

41 Gazpacho, *Night*, Intact 2007.

42 Gisbert zu Knyphausen, »So seltsam durch die Nacht«, vom Album: *Gisbert zu Knyphausen*, PIAS 2008.

kelnden Sternen«[43] an. Beide können Schülerinnen und Schülern etwas veranschaulichen, was sie vermutlich aus ihrem eigenen Leben kennen: Einen spielerischen, in Teilen ironischen Umgang mit dem (nicht nur romantischen) Motivarchiv, das als Zitat ausgestellt wird, seine Wirkung aber gerade so neu zu entfalten vermag.

Ebenso reizvoll und mit der Möglichkeit verbunden, den Horizont der Schülerinnen und Schüler zu erweitern, sind intermediale Vergleiche mit Bearbeitungen des Nachtmotivs in der klassischen Musik, idealerweise in Verbindung mit dem Musikunterricht. Denkbare Beispiele sind hier etwa die *Nocturne*-Zyklen von John Field oder Frédéric Chopin, die in die (erweiterte, europäische) Zeit der Romantik fallen oder auch spätere Bearbeitungen des Motivs, etwa bei Claude Debussy (*Clair de Lune*, *Trois Nocturnes*).

Vergleichendes Lesen bietet in seiner Fokussierung der Aufmerksamkeit und dem so möglichen Blick auf sprachliche Details ein großes Potential für den Lyrikunterricht, wo es auf exakte Beobachtungen gerade von Einzelheiten ankommt. Gefahren, die zu umgehen sind, liegen darin, dass die Vergleichsaspekte nicht hinreichend scharf konturiert sind und so oft nur triviale Beobachtungen ermöglichen oder die Texte unzulässig schematisieren (vgl. Köster/Spinner 2002, S. 13). Die genaue Umgrenzung der Vergleichsaspekte (auch bzw. gerade dann, wenn diese von Schülerinnen und Schülern eigenständig erarbeitet werden) ist zudem notwendig, um Beliebigkeit zu vermeiden

43 Gisbert zu Knyphausen, »Ich bin ein Freund von Klischees und funkelnden Sternen«, vom Album: *Hurra! Hurra! So nicht.*, PIAS 2010.

und nicht »alles Mögliche miteinander in Beziehung [zu] setz[en]« (ebd.). Ebenso gilt es, das bloße Auflisten von Gemeinsamkeiten und Unterschieden zu vermeiden, das vielmehr Ausgangspunkt für eine weiterführende, synthetisierende Arbeit sein sollte. Schließlich bergen die letztgenannten Transfers zur eigenen Lebenswelt – ähnlich wie bei anderen Verfahren – die Gefahr, dass Differenzen durch einen nicht hinreichend genauen Blick auf die Texte (und deren historische Kontexte) eingeebnet werden. Deshalb ist der Blick immer wieder zurück auf die Textgrundlage zu lenken – und es sind nicht nur Gemeinsamkeiten, sondern auch Unterschiede zur Lebenswelt der Schülerinnen und Schüler zu erarbeiten (vgl. ebd.).

6 Unterrichtsumsetzungen: Dreimal Gegenwart und zurück

Anknüpfend an diese Gedanken zum vergleichenden Lesen möchte ich im Folgenden konkrete Unterrichtsumsetzungen vorstellen, die bisher getrennt voneinander zur Darstellung gebrachte Aspekte des Lyrikunterrichts zusammenführen und exemplarisch veranschaulichen. Hierzu werden drei Gedichte der Gegenwartslyrik in einen Dialog zu jeweils einer der im dritten Kapitel vorgestellten kultur-/literaturgeschichtlichen (Makro-)Epochen gesetzt. Die überproportionale Gewichtung der Gegenwartslyrik hat primär zum Grund, dass es auf diesem Feld noch recht wenige literaturdidaktische Veröffentlichungen gibt und Gegenwartslyrik dementsprechend in Schulbüchern unterrepräsentiert ist.

Diese drei Lyriktandems sind untereinander wiederum lose verbunden durch Fragen eines Verständnisses von Subjektivität, Individualität und Identität – auch vor dem Hintergrund soziokultureller Kontexte und gesellschaftlicher Entwicklungen. Sie sind mit Blick auf die Gegenwart von immer stärker werdenden Individualisierungstendenzen gekennzeichnet, deren Kehrseite zunehmende Anonymität, Vereinzelung und paradoxerweise oft Uniformität ist. Somit wird zugleich das Verhältnis von Ethik und Ästhetik mit verhandelt. Heranwachsenden kann über den vergleichenden Rückbezug auf die Gedichte anderer historischer Zeiträume bewusst werden, in welch unterschiedlichen Zusammenhängen sich Vorstellungen eines gelingenden (oder misslingenden) menschlichen Lebens ausbilden und wie verschiedenartig diese lyrisch ausgestaltet werden.

Konkret werden folgende Texte ausgewählt: Das erste Gedicht stammt aus dem provokanten Band *Den Teuren Toten* (1994), einer Sammlung sarkastischer Epitaphe, die zu Durs Grünbeins frühen Veröffentlichungen gehört. Es wird in einen Dialog zur lyrischen Form des Epitaphs im Barock gesetzt. Bei dem zweiten Gedichtpaar handelt es sich um Nora Bossongs »Hinterhof«, das in der Sammlung *Reglose Jagd* (2014) erschien. Dem Gedicht liegt der leere Blick aus dem Fenster einer Frau zugrunde, in deren Leben sich nichts mehr ereignet. Hier dient ein romantischer Fensterblick aus Eichendorffs »Sehnsucht« (1833) als Bezug. Den Abschluss bildet ein Popsong von PeterLicht, »Das Ende der Beschwerde / Du musst dein Leben ändern« (2011), der im Titel bereits die Schlussworte von Rilkes Gedicht »Archaïscher Torso Apollos« (verf. 1908, Erstveröffentl. 1918) zitiert. Konzipiert sind die Kurzeinheiten für höhere Jahrgangsstufen der Sekundarstufe I und die Sekundarstufe II.

6.1 Epitaphien: Lyrische Nachrufe im Barock und in der Gegenwart

»Wo gestorben wird, ohne daß man den Toten Gehör schenkt, hat Schwarzer Humor [sic] seinen Augenblick.«[44] So heißt es in der Verlagsankündigung des Gedichtbands *Den Teuren Toten* von Durs Grünbein, der skurrile Todes-

44 www.suhrkamp.de/buch/durs-gruenbein-den-teuren-toten-t-9783518406298 (Stand: 16. 1. 2024).

fälle zu literarischen Nachrufen in Form sarkastischer Epitaphe ausgestaltet. Die These aus der Verlagsankündigung kann sich auf Beobachtungen von Soziologen und Kulturwissenschaftlern stützen, die grundlegende Veränderungen im Laufe des 20. Jahrhunderts beim gesellschaftlichen Umgang mit Tod und Sterben ausmachen. War die Konfrontation mit diesen beiden Grundbedingungen menschlicher Existenz zuvor nicht zuletzt durch den Verbund der Großfamilie gegeben – was nicht nur den Tod der Alten betrifft, sondern auch Folge der hohen Kindersterblichkeit war (vgl. Siekmann 1998, S. 92) –, so werden Tod und Sterben heute oftmals sozial ›ausgelagert‹, finden im Verborgenen, in den anonymen Zimmern der Pflegeheime oder Krankenhäuser statt; an Orten also, die nicht unmittelbar an das gesellschaftliche Zusammenleben angebunden sind.

Dass dies im Zusammenhang mit einer grundlegenden Verdrängung von Tod und Sterben zu sehen ist, konstatiert schon 1950 der mexikanische Literaturnobelpreisträger Octavio Paz in seinem Essay »Das Labyrinth der Einsamkeit« – und sieht im Wegbrechen transzendenter Bezüge[45] einen möglichen Grund hierfür: »Der moderne Tod hat nichts, das ihm Transzendenz verleiht oder sich auf andere Werte bezieht. […] In einer Welt der Tatsachen ist der Tod nur ei-

45 Vgl. Heller/Wegleitner 2017, S. 11: »Für unsere Vorfahren vor noch zwei- oder dreihundert Jahren bestand das Leben in der Regel aus einem kurzen diesseitigen und einem ewigen jenseitigen Leben. Auf das Jenseits, den Himmel musste man sich vorbereiten. Die gesamte Daseinsorientierung ergab sich aus einem selbstverständlich angenommenen Glauben an ein Weiterleben im Sinne des christlichen Auferstehungsglaubens bzw. der Angst vor der ewigen Verdammnis.«

ne Tatsache mehr. Da er aber eine unangenehme Tatsache ist, [...] versucht die ›Philosophie des Fortschritts‹ [...] seine Existenz hinwegzuzaubern« (Paz 1998, S. 62; vgl. Heller/Wegleitner 2017, S. 11) – und mit ihm auch das Gedenken an die Toten.

Das Epitaph ist eine solche Form des Gedenkens, mit der Grünbein spielt. Seinen fiktiven Herausgeber der Sammlung lässt er in einem kurzen, auf die Sammlung folgenden Kommentar mit dem Titel »Pseudonymus No. 13« ausführen:

> »Was einst zum Lob des Verstorbenen sprach, gemeißelt als Inschrift auf Tafeln und Grabplatten, in steinernen Monumenten und an den Wänden von Sarkophagen, verbirgt sich heute als sachliches Fazit, verkürzt zur Notiz, in der Tageszeitung. In der Neuzeit ist nur die christliche Schwundform geblieben: hier die Todesanzeige im Feuilleton, dort die blutrünstige Meldung in den Spalten der Boulevardblätter. Erfüllt hat sich, was schon das Mittelalter den Sterblichen prophezeite: ›Der Leib geht dahin wie eine Loderasche. Und der Geist zerflattert im Wind. Niemand wird unseres Namens gedenken.‹« (Grünbein 1994, S. 45)

Lyrik kann und soll im Unterricht nicht als ›Lebenshilfe‹ fungieren. Ihr kommt aber sehr wohl die Aufgabe zu, Schülerinnen und Schüler mit anderen Sichtweisen, sprachlichen Gestaltungen des menschlichen Lebens (und Sterbens) zu konfrontieren, die es ihnen erlauben, die Wahrnehmung der Gegenwart und eigene Perspektiven auf das menschliche Leben zu erweitern, auszudifferenzieren, als historisch bedingt zu reflektieren und so in der eigenen Gegenwart Verdrängtes zur Reflexion zu bringen. Hierzu zählt, das Bewusstsein »[d]iese[r] Scheiß-Sterblichkeit« (Grünbein 1991, S. 11) des Menschen wachzuhalten, wie Grünbein es in einem Gedicht eines anderen Bandes, *Schädelbasislektion* (1988), formuliert. *Den Teuren Toten* gelingt dies in sarkastisch-provokativer Form[46]. Die hier versammelten Gedichte können schockieren ob ihrer (vermeintlichen) Respektlosigkeit, der faktisch aber eine Spiegelfunktion unserer Gegenwartsgesellschaft zukommt.

Dass Grünbein sich einer lyrischen Form bedient, die sich insbesondere im Barock großer Popularität erfreut, ist kein Zufall: Über den Kontrast treten Charakteristiken unserer Zeit noch augenfälliger hervor, was sich didaktisch nutzen lässt. Deshalb sollten Schülerinnen und Schüler zunächst mit der bzw. den Formen des Epitaphs vertraut gemacht werden. Das Epitaph lässt sich bis in die Antike zurückverfolgen und bezeichnet dort Grabinschriften berühmter Persönlichkeiten, folglich Gebrauchstexte. Im 17. Jahrhundert aber wandelt es sich zu einer »selbständige[n] Gruppe innerhalb der barocken Kurzlyrik« (Kühlmann 1982, S. 168) und wird »zu einer regelrechten Modeerscheinung« (Velte 2021, S. 64). Neben der »Kondolenzlyrik«, der »wirkliche Todesfälle« zugrunde liegen, wird diese »zweckgebundene Redesituation des Nachrufs« mehr und mehr fiktionalisiert und »auf erfundene Personen und Gegenstände« bezogen (Kühlmann 1982, S. 168). Die Popu-

46 Es gab im Kontext der Veröffentlichung allerdings auch kritische Stimmen, die Grünbein fehlenden Ernst in der Auseinandersetzung mit dem Thema vorwarfen. Vgl. zur Diskussion: Berg 2007, S. 127–129.

larität liegt ursächlich im Welt- und Menschenbild der Zeit: Der Tod steht gewissermaßen ›mitten im Leben‹, ist – nicht zuletzt durch Krieg und Seuchen – im sozialen Leben wie im kulturellen und literarischen Diskurs präsent.

Ohne diese historischen Kontexte macht weder die Arbeit mit einem barocken Epitaph noch mit den Epitaphen Grünbeins Sinn. Soll nur ein kurzer Impuls gegeben werden, dessen Funktion sich vor allem aus dem Kontrast zu Grünbeins Sammlung herleitet, bietet sich folgendes Gedicht von Friedrich von Logau (1605–1655) an.

Grabschrifft

Da ich solte/ kont ich leben/
Da ich solte/ kont ich sterben/
Denn das ewig zu erwerben
Kont ich sterblich leichte geben.

Logau 1654, S. 9

Gerade über die schlichte, zugleich aber kunstvolle sprachliche Gestaltung kann das Gedicht in die kultur- und literaturgeschichtlichen Zusammenhänge einführen. Zur Erarbeitung können sog. restaurative Verfahren aus dem Repertoire des handlungs- und produktionsorientierten Unterrichts eingesetzt werden. Die Lehrkraft setzt gezielt Lücken und macht es den Schülerinnen und Schülern zur Aufgabe, das Gedicht wieder zu ›restaurieren‹. Im vorliegenden Beispiel bietet sich dies etwa bei »solte« im ersten und »kont« in Vers 2 an, da der Parallelismus Hinweise zur Füllung gibt und so die Entsprechung von Leben und Tod im Sinne einer auferlegten Pflicht erarbeitet werden kann. In Vers 3 und 4 können die Begriffe »ewig« und »sterblich« ausgespart werden. Wurden zuvor Kontextinformationen gegeben, liegt die Antithese, dass man »das ewig« erwirbt, indem man »sterblich leichte« gibt, nicht so fern – hier (wie grundlegend bei diesem Verfahren) sind jedoch andere schlüssige Varianten der Schülerinnen und Schüler ebenfalls zu würdigen. Abschließend lässt sich auf den Titel eingehen. Jenseits der Erinnerung an einen Verstorbenen adressiert das Gedicht als Epitaph auch seine Leserinnen und Leser, und zwar dahingehend, sich dessen Maxime zu eigen zu machen, d. h. das eigene Leben vom unausweichlich bevorstehenden Tod her zu denken.

Für eine intensivere Arbeit an einem komplexeren Gedicht bietet sich Paul Flemings (1609–1640) nur wenige Tage vor dem eigenen Tod abgefasstes Epitaph auf sich selbst an:

Herrn Pauli Flemingi der Med. Doct. Grabschrifft / so er ihm selbst gemacht in Hamburg / den xxiix. Tag deß Mertzens m. dc. xl auff seinem Todtbette drey Tage vor seinem seel: Absterben.

Ich war an Kunst / und Gut / und Stande groß und reich.
Deß Glückes lieber Sohn. Von Eltern guter Ehren.
Frey; Meine. Kunte mich aus meinen Mitteln nehren.
Mein Schall floh überweit. Kein Landsmann sang mir gleich.
Von reisen hochgepreist; für keiner Mühe bleich.

Jung / wachsam / unbesorgt. Man wird mich nennen hören.
Biß daß die letzte Glut diß alles wird verstören.
Diß / Deütsche Klarien / diß gantze danck' ich Euch.
Verzeiht mir / bin ichs werth / Gott / Vater / Liebste / Freunde.
Ich sag' Euch gute Nacht / und trette willig ab.
Sonst alles ist gethan / biß an das schwartze Grab.
Was frey dem Tode steht / das thu er seinem Feinde.
Was bin ich viel besorgt / den Othem auffzugeben?
An mir ist minder nichts / das lebet / als mein Leben.

Fleming 1982, S. 167

Der Text treibt ein Spiel mit Fiktion und Realität, dichterischem und pragmatischem Text: Zum Zeitpunkt der Abfassung leidet der nur 30 Jahre alt gewordene Fleming unter einer zur damaligen Zeit kaum heilbaren Lungenentzündung und prophezeit so bereits im Titel seinen baldigen Tod. Dieser tritt faktisch dann zwar nicht drei (hier mag die religiöse Symbolik der Zahl 3 als Verweis auf Vollkommenheit im Sinne eines vollendenten Ganzen ein ausschlaggebender Grund für die Verwendung gewesen sein), aber doch fünf Tage später ein.[47] »Die fiktive Grabinschrift wandelt sich zu einem Text, der in der Erfüllung dichterischer Prophezeiungen alsbald seinem pragmatischen Zweck hätte zugeführt werden können.« (Kühlmann 1982, S. 169)

In Unterrichtskontexten kann das Gedicht nicht nur zu

47 Vgl. Rickes 2009, S. 5. Rickes nennt in seinem Vortrag zugleich Argumente, die gegen eine nachträgliche Betitelung des Gedichts sprechen.

zentralen Themen und Gestaltungsformen barocker Lyrik hinführen. Es eignet sich zudem, um Schematisierungen zu durchbrechen: So verzichtet der Text etwa »auf die bereitliegenden Argumentationen, die Gewalt des Todes im Hinblick auf die Eitelkeit [auch im Sinne von Nichtigkeit] alles Irdischen zu entkräften« (ebd., S. 174). Vielmehr dokumentiert sich in der Gegenwart des Schreibens ein bemerkenswerter »souveräne[r] Wille[]« (ebd., S. 175), der sich einerseits rückblickend auf die irdischen Leistungen, andererseits vorausblickend auf eine Form unerschrockenen, ›heldenhaften‹ Sterbens (vgl. ebd., S. 173) beruft.

Aufgrund der sprachlichen und m. E. kulturgeschichtlichen Alterität des Gedichts machen sehr freie Unterrichtsformen zumindest zu Beginn wenig Sinn. Unabdingbar wird zunächst die Klärung heute ungebräuchlicher Begriffe, die über Annotationen erfolgen kann.[48] Weiterhin müssen Schülerinnen und Schüler, sofern noch nicht geschehen, mit der Form des Sonetts vertraut gemacht wer-

48 Folgende Erläuterungen sollten den Schülerinnen und Schülern an die Hand gegeben werden: Im Titel: »So er ihm selbst gemacht« in der Bedeutung von: »für sich gemacht«; Vers 3: »Meine« in der Bedeutung von »Unabhängigkeit/Autarkie«; Vers 4: »floh« in der Bedeutung von »flog, verbreitete sich«; Vers 5: »für keiner Mühe bleich« in der Bedeutung von »vor keiner Mühe bleich«; Vers 7: »die letzte Glut« hier als Umschreibung des Weltuntergangs; ebenfalls Vers 7: »verstören« in der Bedeutung von »zerstören« (vgl. sämtlich Ricken 2009, S. 2); Vers 8: »Deütsche Klarien« bezeichnen nach einem Beinamen des griechischen Gottes Apollo benannte Musen, die spezifisch auf die Begründung des Deutschen als Dichtungssprache verweisen (vgl. Kühlmann 1982, S. 173); Vers 13: »Othem« in der Bedeutung von »Atem«; Vers 14: »minder« in der Bedeutung von »weniger« (vgl. Ricken 2009, S. 2).

den[49], die im vorliegenden Fall mit dem charakteristischen Einschnitt zwischen den beiden Quartetten (Rückblick) und Terzetten (Ausblick) inhaltlich relevant wird.

Wie genau die weitere Arbeit am Text erfolgt, wird vom Stand der jeweiligen Lerngruppe abhängen. Kann eine gewisse Vertrautheit mit der Lyrik des Barock vorausgesetzt werden, bieten sich aufgrund der exakten Komposition des Sonetts, der Vielzahl an Themenfeldern und Bildern, die das Gedicht aufruft und die genau gelesen werden wollen, Verfahren des textnahen Lesens an. Im Zuge einer so möglichen akribischen Lektüre mag etwa auffallen, dass das erste Wort gleich »Ich« lautet, was schon auf die später zu beobachtende starke Akzentuierung eigener Lebensleistungen verweist. Auch dass in der ersten Zeile die »Kunst« am Beginn der Trias jener Gaben steht, die dem Verfasser über das Elternhaus bzw. den sozialen Stand mit auf den Lebensweg gegeben wurden (vgl. Kühlmann 1982, S. 169 f.), kann ins Auge springen – und korreliert mit der Bedeutung, die das Gedicht den künstlerischen Fähigkeiten des Verfassers (»Kein Landsmann sang mir gleich.«) im Folgenden zumisst.

Weiterhin dürften in Vers 3 die durch die Ellipsen hervorgehobenen Begriffe »Frey; Meine.« hervorstechen, welche Themenfelder bezeichnen, die fortgeführt werden. Sie sind zum einen im Kontext eines Freiheitsbegriffs zu lesen, der historisch bereits im Zusammenhang eines »bürgerlichen Leistungsethos« (ebd., S. 173) steht, und zum anderen vor dem Hintergrund eines »stoisch beeinflußten Frei-

49 Eine kurze, aber für Unterrichtszwecke hinreichende Quelle kann der Artikel von Tanja van Hoorn in dem von Jochen Vogt an der Universität Essen begründeten Portal *Einladung zur Literaturwissenschaft* bilden (Hoorn 2009).

heitsgedanken[s]« (ebd., S. 172) zu sehen. Diese Vorstellung von Freiheit rekurriert hier aber nicht auf das spontan gedachte, freie Schaffen eines Genies, sondern bezieht sich vielmehr zurück auf eine nur mit »Mühe« und Disziplin zu erlangende kulturelle Fähigkeit (vgl. ebd., S. 173).

Weitere markante Gestaltungsmerkmale, die dieses didaktische Verfahren durch die Anleitung zu akribisch genauer Textlektüre zu erschließen vermag, betreffen den Tempuswechsel. Der Rückblick auf die eigenen Taten unter Fokussierung der Kunst zu Beginn des Gedichts steht im Präteritum und wandelt sich zum Ende des zweiten Quartetts in einen ins Futur gesetzten Ausblick auf das Kommende. Die Prophezeiung des eigenen Nachruhms (die performativ gelesen werden kann, da nicht zuletzt das Gedicht selbst maßgeblich hierzu beigetragen hat) erscheint so als Folge eines die eigenen Gaben ausschöpfenden Lebens.

Die beiden Terzette springen dann in die Gegenwart resp. Zukunft des Sterbens, das als »heroische[r] Akt und letzte Lebensleistung« (ebd.) inszeniert wird: Die Formulierung »und trette willig ab« spielt zwar auf das im Barock verbreitete »Welttheater-Modell« an (ebd., S. 175), doch bis in den eigenen Tod hinein kann von einer Verachtung des Spiels im Sinne einer erkannten Nichtigkeit allen irdischen Strebens nicht die Rede sein. Der vorletzte Vers stellt die rhetorische Frage (Rickes 2009, S. 3) nach der Sorge um den eigenen Tod, die sich vor dem Hintergrund des Schlussverses als unnötig erweist: »An mir ist minder nichts / das lebet / als mein Leben.« Rhetorisch gekleidet in die »sog. figura etymologica« verdeutlicht Fleming, »dass sein irdisches Leben insofern ›minder‹, weniger lebendig und bedeutend ist, als sein eigentliches Leben erst nach seinem Tod beginnen wird: in der Unsterblichkeit seines Dichterruhmes.« (ebd.) Und *diese* Form von Unsterblichkeit tritt im Gedicht zumindest neben, wenn nicht sogar vor die Hoffnung auf ein jenseitiges Leben, auf das »[n]ur ganz verhalten – in der euphorischen Metaphorisierung des Todes als Schlaf«[50] – angespielt wird.

Ganz anders begegnet die lyrische Form des Epitaphs in *Den Teuren Toten* rund 350 Jahre später bei Durs Grünbein. Er veröffentlichte 1988 seinen ersten Lyrikband, *Grauzone morgens*, und avancierte in den 1990er-Jahren zu einem der bis heute wichtigsten deutschen Lyriker. Ausgezeichnet wurde er u. a. 1995 mit dem renommiertesten Literaturpreis im deutschsprachigen Raum, dem Georg-Büchner-Preis.

Wie schon bei Fleming lässt sich auch bei Grünbein in *Den Teuren Toten* ein Spiel mit Fiktion und Realität beobachten. So beginnt das schon erwähnte, die Sammlung kommentierende Nachwort mit folgendem Hinweis:

> »Die hier versammelten Gedichte und Gedichtfragmente, nach dem Vorbild antiker Grabinschriften *Epitaphe* genannt, fand der Herausgeber in einem Dresdner Dachboden-Archiv. Sie sind Teil einer Sammlung literarischer Zeugnisse des Todes in den verschiedenen Weltkulturen. Das Konvolut, das der Auswahl zugrunde lag, befand sich im Besitz der Familie, aus der in dritter Generation mittlerweile Ethnologen und Anthropologen entstammten. Die vorliegenden Zeilen wurden teils auf Reisen, in geduldiger Feldforschung vor Ort, teils in der Rückschau

50 Kühlmann 1982, S. 174. Kühlmann bezieht sich auf die Wendung »Ich sag' Euch gute Nacht / und trette willig ab.« in Vers 10.

und nach Auswertung der unterschiedlichsten Zeugnisse verfaßt, nur ihr Anlaß war immer derselbe.« (Grünbein 1994, S. 43)

Bei dem Anlass, von dem hier die Rede ist, handelt es sich um skurrile Todesarten aller Art. Grünbeins Epitaphe knüpfen dabei auch an die »in akademischen Kreisen lange Zeit beliebte[] Tradition des Laien-Epigramms« (ebd.) an, das eine sehr kurze, oft humorvoll-spöttische Nachrede auf Verstorbene bezeichnet. So wird das Epitaph als Nachruf, der bleibende Erinnerung schaffen will, in den sarkastischen Ausgestaltungen gleichsam gegen sich selbst gewendet: Es sind »Berichte vom Untergang unbedeutender Menschen« (ebd.), wie es im Schlusskommentar heißt, »[a]uffällig schmucklos, betont dürftig in der Öde ihrer faktischen Details, sind es vor allem Armutszeugnisse, trist wie die Pappschilder an den Füßen mancher Leichen im Schauhaus« (ebd., S. 44). Sie ließen sich unter der »bekannte[n] altrömische[n] Abkürzungsformel [/] n. f. n. s. n. c. [/] das *Non fui non sum non curo*, den Ohrwurm aller materialistischen Skeptiker« versammeln: »Ich bin nicht gewesen, ich bin nicht, es ist mir gleich.« (ebd., S. 45)

Als Beispiel wähle ich im Folgenden das erste der Gedichte[51] aus, das nicht unbedingt zu den provokantesten zählt, aber gerade deshalb zu Beginn der Arbeit mit dem Band im Hinblick auf Unterrichtskontexte geeignet ist.

51 Es folgt auf einen im Unterschied zu den übrigen Gedichten kursiv gedruckten Text, der nicht auf einen konkreten ›Fall‹ Bezug nimmt, sondern grundlegend die Thematik von Tod und Sterben sowie die Form des Nachrufs »[u]nter den leeren Himmeln« (Grünbein 1994, S. 7; im Original kursiviert) reflektiert.

Berlin. Ein Toter saß an dreizehn Wochen
Aufrecht vorm Fernseher, der lief, den Blick
Gebrochen. Im Fernsehen gab ein Fernsehkoch
Den guten Rat zum Kochen.
Verwesung und Gestank im Zimmer,
Hinter Gardinen blaues Flimmern, später
Die blanken Knochen.
Nichts.
Sagten die Nachbarn, die ihn scheu beäugten, denn
Sie alle dachten längst dasselbe: »Ich hab's
Gerochen.«
Ein Toter saß an dreizehn Wochen …
Es war ein fraglos schönes Ende.
Jahrhundertwende.

Durs Grünbein: Den Teuren Toten. 33 Epitaphe. Frankfurt a. M.: Suhrkamp 1994. S. 8. –

Der Sarkasmus dieses ›Nachrufs‹ macht Verfahren notwendig, in denen Schülerinnen und Schüler ihre Irritationen ob dieser zunächst unwürdig anmutenden Form der Auseinandersetzung mit dem Lebensende eines alten Mannes zum Ausdruck bringen können. Formen des literarischen Gesprächs eignen sich hierfür. Mögliche Impulse, die auf eine Erörterung markanter Gestaltungselemente und ihrer Funktion zielen, sind folgende: Aufgeworfen werden kann etwa die Frage nach der Funktion der kursiv gedruckten und dokumentarisch anmutenden Ortsangabe zu Beginn (»*Berlin*«), die das Geschehen in der größten deutschen Stadt und somit alles andere als abseits aller ›Lebensströme‹ situiert.

Auffällig sind weiterhin die Enjambements, die insbesondere jene Begriffe hervorheben, die ohne jede Form von Pietät Tod und Verwesung bezeichnen: »den Blick / Gebrochen.«, »später / Die blanken Knochen.«, »Ich hab's / Gerochen.«

Hervorgehoben sind auch die jeweils eingerückten Zeilen in ihren unterschiedlichen Abständen zur linksseitigen Textflucht. Die vorletzte Einrückung »Ein Toter saß an dreizehn Wochen …« etabliert eine Wiederholungsstruktur zum ersten Vers. Sie lässt sich so lesen, dass das dargestellte Geschehen keinen Einzelfall zur Darstellung bringt, sondern sich auch in der Gegenwart der Leserinnen und Leser in vergleichbaren Formen wiederholen dürfte. Mit Blick auf das Druckbild des Gedichts fällt weiterhin das sowohl vertikal als auch horizontal mittig platzierte »Nichts« auf. Und spätestens mit dem Zynismus des vorletzten Verses: »Es war ein fraglos schönes Ende« kann an der kritisch-reflexiven Funktion des Gedichts kaum noch vorbeigelesen werden – der Reim auf den am deutlichsten eingerückten, nur aus dem Wort »Jahrhundertwende« bestehenden Schlussvers unterstreicht dies noch einmal.

Thematisiert wird die Kehrseite einer Metropole, die zum Zeitpunkt des Erscheinens der Sammlung, nur wenige Jahre nach der Wiedervereinigung, boomt, gerade für junge Menschen eine immense Anziehungskraft hat (nicht zuletzt aufgrund einer der seinerzeit weltweit lebendigsten Clubszenen) und sich auf bestem Weg in das 21. Jahrhundert sieht. Nur scheinbar weit davon entfernt, führt Grünbeins »Thanato-Philologie« nicht nur in ein »Schattenreich der Rhetorik« (Grünbein 1994, S. 47), sondern auch der Gesellschaft. Dass es hierbei aber nicht nur um die geht, die aufgrund von Alter, Krankheit, sozialer (und möglicherweise selbstgewählter) Isolation von den Clubgemeinschaften ausgeschlossen sind, sondern auch um die Gemeinschaft der Feiernden selbst, zeigt etwa das Gedicht vom Tod einer »schüchternen Blondine / wegen ihrer dicken Waden / verspottet oft«, die »unterm Druck der Klasse« in einem »Nachtklub Amsterdams« bei einem Wet-T-Shirt-»Wettkampf« (ebd., S. 22) teilnimmt. Dabei gewinnt sie zwar den Titel der »*Miß Sweet-sweet-Tits*«, stirbt aber im Augenblick ihres Triumphs »an den Folgen eines Herzstillstands«, bezeichnenderweise verursacht durch »[e]iskalte[n] Schampus« (ebd.).

Abschließend wird in Form vergleichenden Lesens Grünbeins Spiel mit der lyrischen Form des Epitaphs erschlossen. Dazu bieten sich beide hier vorgestellten Texte aus dem Barock an. Fokussiert werden kann der Vergleich auf die Art und Weise, wie das Thema Tod und Sterben sprachlich zur Darstellung gelangt, welche Funktion den jeweiligen Nachrufen zukommt und was sie über den Umgang mit der Sterblichkeit des Menschen und das Gedenken der Toten in den jeweiligen kultur- und literaturgeschichtlichen Zusammenhängen aussagen. Dabei sollte abschließend erörtert werden, ob resp. inwieweit Grünbeins fiktiver Herausgeber seinem eigenen Anspruch gerecht wird:

> »Erschrockener Leser, dies ist alles andere als ein böswilliger Haufen tödlicher Unfälle und Abgesänge. Ihr anonymer Verfasser hat jederzeit sein gewaltiges Thema im Auge behalten, in der ihm eigenen Ordnung. Wo immer er innehielt, war humanistischer Boden gutgemacht.« (ebd., S. 47)

Im Zuge dessen kann auch noch einmal bilanziert werden, was diese »eigene[] Ordnung«, von der die Rede ist, auszeichnet und worüber sie sich von den sprachlichen wie inhaltlichen Ordnungen des Barock unterscheidet.

6.2 Fensterblicke: Romantische Nacht- vs. zeitgenössische Hinterhofkulissen

Dem Blick aus dem Fenster, einem zentralen literarischen Motiv nicht nur, aber insbesondere der Literatur der Romantik (vgl. etwa Gunia/Kremer 2001, S. 70–80), liegt ein Wechselspiel von Nähe und Distanz zugrunde, bei dem die Wahrnehmung der Außenwelt von eigenen Imaginationen beeinflusst, ja überlagert werden kann, so dass Realität und Imagination ineinander gespiegelt werden. Das Motiv vereint die beiden folgenden Gedichte ebenso wie die mit dem Blick aus dem Fenster verbundene Sehnsucht nach einer Erfahrung, die die als beengt empfundene Gegenwart überschreitet – was allerdings höchst unterschiedlich ausgestaltet wird. Im Gegensatz zum ersten Unterrichtsarrangement bietet es sich an, mit dem Gegenwartsgedicht zu beginnen und von hier aus ›nach hinten‹ zu schauen. Es stammt von Nora Bossong, die bisher drei Gedichtbände veröffentlicht hat; »Hinterhof« findet sich in ihrem ersten, 2007 publizierten Band *Reglose Jagd*. Neben Lyrik hat sie auch breit rezipierte Romane, eine Reportage und verschiedene Essays verfasst. 2020 wurde sie mit zwei renommierten Literaturpreisen, dem Thomas-Mann- und dem Joseph-Breitbach-Preis, ausgezeichnet.

Hinterhof

Am Fenster jene Frau, die seit drei Jahren
mit gepackten Kisten lebt, späht in den Hof,
ob dort nicht grad der Umzugswagen einfährt.
Nur Plastiktonnen und die Vorkriegsbirken
erster Mieter. Zwischen Unkraut kopulieren Katzen.
Im kurzen Mittag, da bis ins Gras die Sonne reicht,
streunen die Hauswartsschritte, verloren wie das Altpapier,
das aus den Hauseingängen weht und mit der Spitze
eines Taschentuchs wischt er die namenlosen Klingelschilder.
Die Sonne wechselt über auf die andre Fensterfront.
Kinderstimmen in der Häuserschneise, doch niemand
ist zu sehen, als ob Septemberluft allein schon klänge.
Eine Stufe knarrt, ein Katzenjunges hinkt hervor. Bald
bleibt auch die Kellertreppe wieder still, was
ist es dann gewesen? Nur Sommer.

Bossong 2014, S. 8. –

Bereits der Titel evoziert eine Stimmung der Trostlosigkeit, die dann im Gedicht über verschiedene Begriffe und Szenarien weiter ausgestaltet wird. Dem liegt zunächst der Blick in einen Hinterhof und *auf* die Frau am Fenster zugrunde. Im weiteren Verlauf hat es mitunter den Anschein, als nähme die Sprechinstanz deren Perspektive ein, letztlich bleibt die Frage aber unentscheidbar. Das Gedicht zeichnet, wie viele frühe lyrische Arbeiten Bossongs, ein erzählerischer Tonfall aus; sprachlich ist es für Schülerinnen und Schüler sehr zugänglich. Im Unterricht kann zunächst von den Vorstellungen, die der Text aufruft, ausgegangen werden, von Bildern, die sich bei der Lektüre einstellen, Stimmungen, die vermittelt werden. Zu erwarten ist, dass etwa Tristesse, Hoffnungs- und Veränderungslosigkeit, Schmutz, Trostlosigkeit oder das Gefühl, isoliert inmitten von Mauern eingesperrt zu sein, benannt werden.

In einem zweiten Schritt sollen diese Eindrücke auf den Text zurückbezogen, Begriffe oder Textpassagen benannt werden, die sie hervorrufen, so dass sprachliche Details in den Blick geraten. Auffällig ist etwa, dass der Blick der Frau als Spähen (vgl. V. 2) bezeichnet wird, dem etwas Misstrauisches, die Umgebung als feindlich Wahrnehmendes zukommt. Weiterhin sind die hierbei – statt des erhofften Umzugswagens – in den Blick geratenden, einzelnen ›Requisiten‹ der Hinterhofszenerie zu nennen: etwa die »Plastiktonnen und die Vorkriegsbirken / erster Mieter« als Verweis auf Trost- und Veränderungslosigkeit; die »[z]wischen Unkraut kopulieren[den] Katzen« als Verweis auf Verwilderung und Verwahrlosung des Ortes; die »streunen[den] […] Hauswartsschritte« mit dem Partizip, das auf die Katzen zurückverweist und neben der Tristesse auf eine Überwachungsinstanz anspielt; »die namenlosen Klingelschilder« als Bild der Verlassenheit; die knarrende Stufe der Kellertreppe als eines der wenigen Geräusche, die der Text aufruft, und schließlich das hervorhinkende »Katzenjunge[]«. Im Gegensatz zur geläufigen Vorstellung, in der Katzenkinder ein Bild ausgelassener Lebensfreude darstellen, hinkt das Katzenjunge hier und wird nur im Kontext eines vermutlich als dumpfig und dunkel vorgestellten Kellers bzw. der Kellertreppe erwähnt. Weiterhin können einzelne Sinneswahrnehmungen benannt werden, die thematisch werden und die Lektüre steuern: Akustisch wahrnehmbar bleiben neben der knarrenden Stufe nur die »Kinderstimmen in der Häuserschneise«, deren Urheber aber nicht sichtbar werden, und die schon angesprochenen »streunen[den] [...] Hauswartsschritte«.[52] Entsprechend wirken auch die optischen Eindrücke merkwürdig starr, bewegungslos; erwähnt werden nur die im Unkraut kopulierenden Katzen, die Schritte des Hauswarts (»verloren wie das Altpapier«, das vor sich hin weht) und sein Wischen der namenlosen Klingelschilder: sämtlich Bewegungen, denen keine Richtung oder Perspektive zukommt, die ein Verlassen der Szenerie hin auf einen Außenraum ermöglichen würde. Auch auf andere sprachliche Details, wie etwa die Wirkung der Enjambements, die an zentralen Stellen Vers- und Satzordnungen auseinanderlaufen lassen und so den Eindruck von Zerrissenheit und Isolation mit befördern, ist einzugehen. Dies kann in arbeitsteiliger Gruppenarbeit unter Fokussierung von Schwerpunkten geschehen, die vorher zusammen mit den Schülerinnen und Schülern erarbeitet wurden – etwa zu den übergeordneten Themenfeldern von Zeit- und Raumstrukturen, dominanten sprachlichen Bildern bzw. Motiven oder Beobachtungen zur Figur der Frau und ihrer ›Interaktion‹ mit der Umgebung.

Um den folgenden Vergleich zu Eichendorff vorzube-

52 Je nach Rezeption können auch die kopulierenden Katzen und das wehende »Altpapier« genannt werden, beides dürften aber keine dominanten akustischen Eindrücke sein, zumal dann, wenn man auf die Szenerie mit der Protagonistin aus einer hinter der Glasscheibe des Fensters angesiedelten Perspektive blickt. Selbst das Hören von Schritten kann dann infrage gestellt werden.

reiten, sollte ausgehend hiervon die Aufmerksamkeit auf das Motiv des Fensters gelenkt werden: Der Außenraum resp. der Blick in den Hinterhof spiegelt letztlich nur die Isolation des Innenraums – der Wohnung der Frau. Beide konnotieren in ihrer Abgeschlossenheit Enge, Isolation, Zustände eines Gefangenseins. Der Blick aus der Wohnung geht nicht einmal mehr auf eine belebte Straße, sondern einzig auf die triste Hinterhofkulisse. Die Sehnsucht der Beobachterin nach Veränderung läuft so ins Leere. Und auch dem spähenden Blick korreliert nichts, das diese Wahrnehmungsform rechtfertigen würde, da sich schlicht nichts ereignet. Die einzig lebendigen »Kinderstimmen in der Häuserschneise« bleiben ein rein akustisches Signal – ohne zugeordnete optische Präsenz. Zur Darstellung kommt eine »Augenblicksimpression«, die aber »eigentlich von Dauer ist« (Vormbaum [o. J.]) und für die das Bild der seit drei Jahren gepackten Umzugskartons steht: Am Ende ist es, so lauten die beiden Schlussworte des Gedichts, »[n]ur Sommer« gewesen, und dazu einer der trostlosesten Art. Da spielt es schon kaum noch eine Rolle, dass mit dem September der Herbst anbricht – ein weiterer, in diesem Fall zeitlicher Indikator von Verfall.

Am Ende der Auseinandersetzung mit diesem Gedicht sollten Schülerinnen und Schüler mit den gesellschaftlichen Realitäten, die es literarisch ausgestaltet, konfrontiert werden: Einsamkeit im Alter, Anonymität in Großstadtsiedlungen, die Trostlosigkeit vieler Wohnsiedlungen, in die insbesondere alte Menschen aufgrund kaum noch bezahlbarer Mieten ziehen müssen. In Verbindung zur weitgehenden Auflösung größerer Familienverbünde führt dies zu einem ›sozialen Tod‹ vieler alter Menschen, der noch vor ihrem biologischen eintritt (Fuchs-Heinritz 2020, S. 155–158). Produktionsorientierte Verfahren bieten weiterhin die Möglichkeit zur Abfassung eines ›Gegengedichts‹, das die sich dokumentierende Hoffnungslosigkeit in Perspektiven auf Veränderung überführt.

Eine ganz andere Fensterperspektive, situiert in einer »prächtigen Sommernacht«, eröffnet sich dagegen den Leserinnen und Lesern in Joseph von Eichendorffs Gedicht »Sehnsucht«, das zunächst titellos im Kontext des 1834 publizierten Romans *Dichter und ihre Gesellen* veröffentlichte wurde. Hier singt es die Figur Fiametta zur Gitarre als ein Lied, das der Sehnsucht nach ihrer Heimat Italien Ausdruck verleiht (vgl. Frühwald 1984, S. 381). Da diese Kontextmarkierung in den folgenden separaten Publikationen im Rahmen von Gedichtausgaben Eichendorffs (ab 1837 unter dem Titel »Sehnsucht«; vgl. Löhr 2003, S. 249 f.) fehlt, ist die Sprechinstanz zunächst genderneutral markiert. Einzig die Parallelfiguren der »Mädchen [, die] am Fenster lauschen« am Ende lassen sich als Hinweis lesen, dass auch die Sprechinstanz selbst weiblich ist (vgl. ebd., S. 343).

Sehnsucht

Es schienen so golden die Sterne,
Am Fenster ich einsam stand
Und hörte aus weiter Ferne
Ein Posthorn im stillen Land.
Das Herz mir im Leib entbrennte,
Da hab' ich mir heimlich gedacht:
Ach, wer da mitreisen könnte
In der prächtigen Sommernacht!

Zwei junge Gesellen gingen
Vorüber am Bergeshang,
Ich hörte im Wandern sie singen
Die stille Gegend entlang:
Von schwindelnden Felsenschlüften,
Wo die Wälder rauschen so sacht,
Von Quellen, die von den Klüften
Sich stürzen in die Waldesnacht.

Sie sangen von Marmorbildern,
Von Gärten, die über'm Gestein
In dämmernden Lauben verwildern,
Palästen im Mondenschein,
Wo die Mädchen am Fenster lauschen,
Wann der Lauten Klang erwacht
Und die Brunnen verschlafen rauschen
In der prächtigen Sommernacht. –

Eichendorff 1923. S. 33 f.

Das Gedicht liest sich wie eine Ansammlung romantischer Motive auf kleinstem Raum. Hier sind zunächst das Mond- und Sternenlicht, der Fensterblick und die Nachtkulisse als Verweise auf eine das ›Hier und Jetzt‹ überschreitende Dimension der menschlichen Existenz zu nennen. Weiterhin verkörpern das Posthorn und die Figuren der wandernden Gesellen eine hierauf bezogene, gleichwohl nun aber nicht länger ins Vertikale gehende, sondern horizontal ausgerichtete Bewegung (vgl. Freund 1990, S. 75). Nur vermittelt über die Gesänge der Wanderer kommen Wald- und Felslandschaften zur Darstellung. Sie bilden stilisierte Naturkulissen. Zur Seite gestellt sind ihnen die wiederum dem Bereich von Kunst und Kultur zugeordneten Marmorbilder und Paläste. Seinen Abschluss findet das Gedicht dann in einer für die Romantik typischen Kreisbewegung, die es strukturell – nur spiralförmig um eine Vermittlungsebene verschoben, da der Bezugspunkt nun die intradiegetischen Gesänge der Gesellen sind – dort enden lässt, wo es begann: mit einem Fensterblick in die »prächtige[] Sommernacht«, wo »Mädchen« Gesängen »lauschen«.

All diese Motive werden ausgehend von dem im Titel genannten Metamodell romantischer Sehnsucht arrangiert. Um den Schülerinnen und Schülern einen näheren Bezug zu dem Gedicht zu ermöglichen, kann dieser Leitbegriff zunächst in Form eines vom Text losgelösten heuristischen Schreibens erschlossen werden – etwa unter folgender Fragestellung: »Das nächste Gedicht, mit dem wir uns befassen wollen, hat die Überschrift ›Sehnsucht‹. Was verbindet ihr / verbinden Sie mit diesem Begriff?« Die so abgerufenen Verständnisse werden dann nach der Lektüre des Eichendorff-Gedichts hierauf bezogen. Dort kommt dem Begriff die Funktion zu, »eine im Empfindenden selbst liegende Vorstellung eines Mangels zum Gegenstand und Motor innerer Vorgänge zu machen oder werden zu lassen« (Löhr 2003, S. 258 f.), der »das latente Verlangen nach Veränderung« (ebd., S. 259) zukommt.

Diese Spannung von Mangel und Wunsch nach Veränderung kann dann in Form einer genauen Lektüre der ersten beiden Verse zum Ausgangspunkt eines literarischen Gesprächs über den Text werden: Dem Blick in den fernen Sternenhimmel folgt der auf die »einsam[e]« Sprechinstanz am Fenster. Das Fenster wird so zu einer Transformationsfigur einer semantischen Opposition, und zwar der »Schwelle von Innen- und Außenwelt, des begrenzten und freien Raumes« (ebd., S. 267). Als weiterer Impuls ist ein Eingehen auf die aus dem empfundenen Mangel resultierende Bewegung denkbar. Sie verweist bereits darauf, dass sich das Motiv der Sehnsucht bei Eichendorff mit dem der Nacht und (an diesem Punkt ähnlich wie bei Brentano wiederum autoreflexiv) mit Lyrik verbindet: Die wandernden »junge[n] Gesellen« singen von »schwindelnden Felsenschlüften«, rauschenden Wäldern und »Quellen, die von den Klüften / Sich stürzen in die Waldesnacht«. Die Naturbilder fungieren als imaginative Kulissen für ein Aufgehen in einer ganzheitlich gedachten Natur, die doch nur poetisches Konstrukt bleibt.

Die künstlich gestaltete, romantische Natur Eichendorffs spiegelt folglich Kultur und Natur ineinander, ganz so wie es im weiteren Verlauf das Lied der Gesellen auch macht: »Sie sangen von Marmorbildern, / Von Gärten, die über'm Gestein / In dämmernden Lauben verwildern, / Palästen im Mondenschein, / Wo die Mädchen am Fenster lauschen«. Am Schluss des Gedichts findet die Sprechinstanz in diesen am Fenster lauschenden Mädchen ihr Pendant; die Sehnsucht nach Überschreitung endet im Bild mit dem Verweis auf den Gesang (der Gesellen) im Gesang (der Sprechinstanz) in einer weiteren Überschreitungsphantasie, die von ebendieser Sehnsucht getrieben ist. Deren Erfüllung, ›Befriedung‹ gewissermaßen, erweist sich so in letzter Konsequenz als Unmöglichkeit, gleichwohl setzt sie eine sich selbst dynamisierende Bewegung in Gang, die ins Unendliche läuft und doch vor allem auf sich selbst verweist. In ihr kann aber die als begrenzt erfahrene

Gegenwart zumindest momenthaft, imaginativ, im Gesang und so in der Lyrik transzendiert werden – quasi als Schein, in allen Bedeutungen des Begriffs, in dunkler Nacht.

Der Frau in Nora Bossongs »Hinterhof« bleibt hingegen auf der zwar taghellen, aber umso trostloseren ›Fensterbühne‹ ihres Hinterhofs selbst dies versagt, positiv konnotierte Bewegung findet sich keine mehr. An diesem Punkt kann der Vergleich beider Gedichte ansetzen. Die Leitfrage, wie die Innen- und Außenräume der am Fenster stehenden Figuren gestaltet sind, worauf sie verweisen bzw. was sie aufrufen, bildet dann den Ausgangspunkt einer näheren Analyse weiterer semantischer Ordnungen, die sich zugleich auf das Fenstermotiv ausrichten lassen, das einerseits die Grenze zur Außenwelt verkörpert und zugleich zum Sehnsuchtsort ihrer Überschreitung wird. Markiert das Fenster bei Bossong zwar ebenfalls die Abgrenzung von Innen- und Außenraum, so wird die Opposition über die Ereignislosigkeit *beider* letztlich geschlossenen Räume zugleich doch eingeebnet: Ein extraterritorialer Raum ist nicht gegeben, akustische wie optische Eindrücke von außen vermitteln nur Trostlosigkeit und Leere. Eichendorffs »Sehnsucht« bewegt sich zwar nach dem Blick in die Sternensommernacht auch nur noch auf einer horizontalen Ebene, doch kündet diese im Lied der wandernden Gesellen zumindest von einer anderen, die begrenzte Gegenwart überschreitenden Welt, die zum Gegenstand der Sehnsucht wird.

Beide Gedichte verbindet so das Motiv der Einsamkeit der am Fenster stehenden und nach außen blickenden, im Falle Eichendorffs ausdrücklich auch »lauschen[den]« Figuren, denen eine Überschreitung der als begrenzt markierten Sprechsituation im Innenraum nicht möglich ist. Eichendorffs »Sehnsucht« generiert hieraus aber in Form akustisch (vgl. das Posthorn und den Gesang der Wanderer) wie optisch wahrgenommener Eindrücke einen Bewegungsimpuls; die hierzu korrespondierende Sehnsucht verdichtet sich in den Bildern des Gesangs der Wanderer, d. h. im Modus von Kunst und Poesie. Dergleichen bleibt in »Hinterhof« gänzlich aus: Die optischen und akustischen Eindrücke verkörpern Bewegungs- und Perspektivlosigkeit, an Überschreitungsfiguren ist nicht einmal zu denken. Letztlich muss die Frage gestellt werden, ob sich hier überhaupt von Sehnsucht sprechen lässt, da einzig das Spähen nach dem Umzugswagen noch in diese Richtung weist.

Diese Gedanken lassen sich bei einem Vergleich der Zeitstruktur weiter verfolgen: Bei Bossong ist es am Ende »[n]ur Sommer [gewesen]«, bei Eichendorff sind es zwar auch – das Gedicht steht im Präteritum – ›nur‹ erinnerte Geschehnisse einer Sommernacht bzw. der im lyrischen Gesang vermittelten Szenerien, doch gewinnen diese in der Vorstellung sinnlich-imaginative Präsenz. Gleichwohl bleibt die Dynamik auf Verlaufsebene in einer Kreisstruktur gefangen: Das Gedicht lässt die titelgebende Sehnsucht an ihrem Ausgangspunkt enden. Diese Struktur kennzeichnet eine Dialektik von

> »Zirkularität und Progression, […] Ruhe und Bewegung […]. Damit wird die ›Sehnsucht‹ zum poetologischen Prinzip. Indem sie die Vorstellungskraft des lyrischen Ichs beständig nährt, ist sie zugleich Bedingung und Quelle einer Phantasie, die sich in der ›prächtigen Sommernacht‹ fast wörtlich wiederfindet: So besagt das grie-

chische Wort ›φαντασία‹ [Phantasia] im engeren Sinne neben ›Erscheinen‹ auch ›Prunk‹ und ›Glanz‹ und stimmt daher gerade mit Bedeutungen überein, die dem ›Prächtigen‹ eigen sind.« (Löhr 2003, S. 340)

Abschließend können die Schülerinnen und Schüler im Sinne Waldmanns textüberscheitende Beziehungen bestimmen, die etwa Zusammenhänge zu sozial-, kultur- oder literaturgeschichtlichen Kontexten betreffen, um die Gedichte von hier aus »in Bezug zur eigenen Erfahrungswelt zu setzen und sich von den eigenen individuellen wie gesellschaftlichen Erfahrungen aus mit [ihnen] auseinander zu setzen« (Waldmann 2006, S. 26). Für »Hinterhof« wurden diesbezüglich oben bereits Hinweise gegeben, für eine Verortung von »Sehnsucht« im Kontext der Makroepoche 1800 bieten sich Texte an, die die zentralen Motive ›Nacht‹, ›Sehnsucht‹ oder ›Fenster‹ aufgreifen (vgl. mit Blick auf die ersten beiden z. B. das oben eingehend behandelte »Sprich aus der Ferne« von Clemens Brentano), aber auch andere Medien, in denen diese Motive Verwendung finden, etwa die Bilder Caspar David Friedrichs. Hinsichtlich eines von Sehnsucht erfüllten Blicks kann etwa sein oben schon thematisiertes Gemälde »Mann und Frau in Betrachtung des Mondes« als Gegenstand gewählt werden, daneben aber auch weitere romantische ›Fensterblicke‹ in seinem Werk, z. B. »Frau am Fenster«.

Für Bezüge zur gegenwärtigen Lebenswelt der Schülerinnen und Schüler lassen sich Alternativgedichte schreiben, die das Fenstermotiv aufgreifen und etwa in einer anderen Jahreszeit angesiedelt sein könnten oder mit anderen Motiven verknüpft werden. Für diejenigen Schülerinnen und Schüler, die sich lieber in einer anderen Form produktiv mit der Vorlage auseinandersetzen möchten, sind musikalische oder visuelle Ausgestaltungen denkbar, die die zur Darstellung gebrachte Thematik oder Stimmung näher ausgestalten und in ein anderes Medium transferieren. In Bezug auf »Hinterhof« bieten sich beispielsweise Fotocollagen und filmische Poetry Clips an.

6.3 Identitätsfragen in der Lyrik der Moderne und im Popsong der Gegenwart

Wer bin ich – und wenn ja, wie viele? So lautet der mittlerweile zum geflügelten Wort gewordene Titel eines 2007 publizierten Bestsellers von Richard David Precht (Precht 2007). Auch PeterLichts nur wenige Jahre später veröffentlichter Popsong »Das Ende der Beschwerde / Du musst dein Leben ändern« kann unter die hier gestellte Frage nach Identitätskonzepten und -zuschreibungen in der Gegenwartsgesellschaft gestellt werden. Schon im Titel platziert der Songwriter einen intertextuellen Verweis auf eines der wohl bekanntesten Gedichte der klassischen Moderne, Rilkes Sonett »Archaïscher Torso Apollos«, abgefasst 1908 während seines Parisaufenthalts. Dessen Schlussappell »Du musst dein Leben ändern« bezeichnet PeterLicht in einem Interview einmal als »de[n] größte[n] Satz, der über diesem Jahrhundert hängt«[53]. Eine Äußerung, die nicht

53 Vgl. den von seinem damaligen Plattenlabel *Motor Music* autorisierten Kommentar im Rahmen der Präsentation des Videos »Das Ende der Beschwerde / Du musst dein Leben ändern«, Regie: Erik Sick, WEBVISION international & Scopitone Film 2011, online

vorbehaltlose Zustimmung, sondern auch Distanz zum Ausdruck bringt: Im Unterschied zum Appell zur bedingungslosen Neuausrichtung des eigenen Lebens und zum Ideal der Selbstverwirklichung hinterfragen die Songs PeterLichts die Bedingungen, unter denen sich Identitätskonzepte im Gegenwartsdiskurs formieren: »Aufräumarbeiten nach 100 Jahren Selbstverwirklichung«[54], wie es in einem anderen Lied heißt.

Dem folgenden Konzept liegt zunächst eine Arbeit am ›Ausgangstext‹ Rilkes zugrunde, da der Zugang zum Popsong und seiner kritischen Beobachtung von Gegenwartskultur und Popkultur erleichtert wird, wenn zuvor deutlich geworden ist, vor welchem Hintergrund er sich allererst konturiert.

Archaïscher Torso Apollos

Wir kannten nicht sein unerhörtes Haupt,
darin die Augenäpfel reiften. Aber
sein Torso glüht noch wie ein Kandelaber,
in dem sein Schauen, nur zurückgeschraubt,

sich hält und glänzt. Sonst könnte nicht der Bug
der Brust dich blenden, und im leisen Drehen
der Lenden könnte nicht ein Lächeln gehen
zu jener Mitte, die die Zeugung trug.

unter: https://vimeo.com/31538502 (Stand: 16. 1. 2024). Die Darstellung greift hier und im Folgenden zurück auf: Brune 2019.

54 PeterLicht, »Marketing«, vom Album: *Melancholie und Gesellschaft*, Motor Music 2008.

Sonst stünde dieser Stein entstellt und kurz
unter der Schultern durchsichtigem Sturz
und flimmerte nicht so wie Raubtierfelle;

und bräche nicht aus allen seinen Rändern
aus wie ein Stern: denn da ist keine Stelle,
die dich nicht sieht. Du mußt dein Leben ändern.

Rilke 2012, S. 138

Der markante Schlussappell eignet sich als Einstieg in die Auseinandersetzung mit dem Gedicht: »Du mußt dein Leben ändern.« kommt einerseits unvermittelt daher und bricht auch sprachlich mit der bisherigen Gestaltungsform, ist andererseits aber konsequentes Resultat der Begegnung von Sprechinstanz und Torso. Ein Impuls dahingehend, warum es zu dieser unmissverständlichen Aufforderung am Ende kommt, bietet die Möglichkeit, zunächst frei einen ersten Zugang zum Gedicht zu artikulieren. Die Antworten werden unterschiedlich ausfallen, vielleicht auch Unverständnis zum Ausdruck bringen, doch dürfte im Gespräch deutlich werden, dass die Begegnung mit dem Torso die bisherigen Gewissheiten der Sprechinstanz sprengt und eine Neuausrichtung einfordert. Da das Gedicht für Schülerinnen und Schüler fraglos anspruchsvoll ist, erscheint eine stärkere Lenkung des Unterrichts nach der ersten offenen Phase ebenso notwendig wie das Bereitstellen von Hintergrundinformationen, um Komplexität zu reduzieren und Überforderung zu vermeiden. Es bietet sich eine von der Lehrkraft eng begleitete, arbeitsteilige Gruppenarbeit mit folgenden Leitaspekten an:

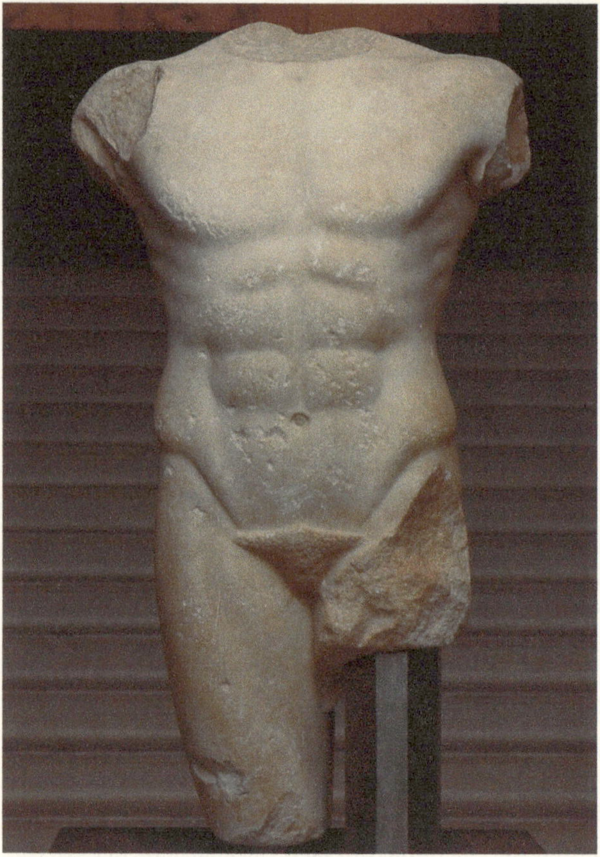

Abb. 3: Torso von Milet (um 470 v. Chr.)

1. Untersuchung der Dialektik des Schauens und Angeschautwerdens im Kontext einer Analyse der Dialektik von Leere und Fülle
2. Untersuchung der Form und Funktion des semantischen Feldes von Lichterscheinungen[55]
3. Untersuchung der Funktion des antiken Torsos, der den Gott Apoll verkörpert[56]
4. Untersuchung von Form und Funktion inhaltlicher wie sprachlicher Elemente, die auf den Aufbruch bestehender Ordnungen verweisen bzw. diesen selbst vorantreiben[57].

Bei der anschließenden Auswertung sollte darauf geachtet werden, dass die im Folgenden antizipierten Ergebnisse nicht nur von den Gruppen präsentiert und von der Lehrkraft ggf. in Teilen ergänzt, sondern auch untereinander vernetzt werden.

55 Hier können Hintergrundinformationen zum Lichtmotiv an die Hand gegeben werden. Es bietet sich etwa das nur knapp zwei Seiten umfassende Kapitel »Kulturgeschichte. Lichtmetaphorik« an aus: Sautermeister 2013, S. 243 f.

56 Auch hier bietet es sich an, kurze Kontextinformationen zum Begriff des Torsos in der bildenden Kunst bereitzustellen, ggf. gestützt durch die obige Abbildung des Torsos des griechischen Jünglings aus Milet (um 470 v. Chr.), den Rilke vermutlich während seines Parisaufenthalts im Louvre gesehen hat. Im Internet findet sich das Bild etwa auf: https://commons.wikimedia. org/wiki/File:Torso_Miletus_Louvre_Ma2792.jpg (Stand: 16. 1. 2024). Ergänzt werden kann dies um die Frage, warum Rilkes Gedicht hieraus einen Torso Apolls werden lässt, obwohl von diesem kein Torso bekannt ist. Vgl. Duhamel 1990, S. 21.

57 Hier sind ggf. Kontextinformationen zur Form des Sonetts zur Verfügung zu stellen, s. Anm. 49.

1. Das Gedicht resp. die Sprechinstanz kreist um Leerstellen, die im Zuge der Betrachtung des Torsos imaginativ aufgefüllt werden. Dies beginnt beim Motiv des Torsos selbst, der einen menschlichen Körper bezeichnet, dem neben Haupt und Extremitäten hier zudem ein weiteres Körperteil fehlt: das Geschlecht. Gleich zu Beginn folgt auf das Konstatieren eines Mangels (»Wir kannten nicht sein unerhörtes Haupt, / darin die Augenäpfel reiften.«) im gleichen Vers (eingeleitet durch die Konjunktion »[a]ber«) die Bekundung einer Fülle, deren Energie und Dynamik sich auf das gesamte Gedicht überträgt: »Aber / sein Torso glüht noch wie ein Kandelaber, / in dem sein Schauen, nur zurückgeschraubt, / sich hält und glänzt.« An die Stelle von Kopf, Geist und (An-)Sprache (das »uner*hörte*[] Haupt«, Hervorhebung C.B.) tritt so materiell-sinnliche Präsenz. So kann im eigenen Blick das in der Moderne »verlorengegangene ›Schauen‹ Apollos« (Sautermeister 2013, S. 237) substituiert werden. »Es sei«, so liest Gert Sautermeister das Gedicht, »im Torso selbst aufbewahrt, habe dort Einzug gehalten und ›glänze‹, ja ›glühe‹ von dort aus ›wie ein Kandelaber‹.« (ebd.)
2. In diesem Glühen und Glänzen kündet es von einer höheren, »blenden[den]« Wahrheit. Die Licht- und Feuermetaphorik verweist zum einen zurück auf Apoll, der in der griechischen Antike u.a. als Sonnengott verehrt wird (vgl. Braungart 2005, S. 234), was bei einer Zusammenführung der Ergebnisse mit denen der dritten Gruppe herausgearbeitet werden sollte. Dabei lässt sich zugleich in jüdisch-christlichen Überlieferungen eine »Tradition des metaphysischen Lichts, das den Betrachter erleuchtet und ergreift« (Sautermeister 2013, S. 243), ausma-

chen, die sich säkularisiert bis in die Aufklärung fortschreibt (die das Lichtmotiv schon im Begriff enthält). »In Rilkes Sonett blitzt das Licht am Ende wie eine Offenbarung auf, die ein Heilsversprechen mit sich führt.« (ebd.) Allerdings keines mehr, das mythologisch, religiös oder aufklärerisch ausgerichtet wäre, sondern rein ästhetisch zu denken ist. Es verweist auf eine sinnlich-animalische, die Verstandeskräfte des Menschen übersteigende Sphäre, was sich im weiteren Verlauf an der Stelle zeigt, wo vom »[F]limmer[n]« des Torsos, eigentlich ja ein bloßer »Stein«, die Rede ist, das mit dem von »Raubtierfelle[n]« verglichen wird – und hierin eine »Leuchtspur des Unbezähmten, Wilden freilegt« (ebd., S. 244). Sie verkörpert zugleich Faszination wie auch Gefahr für den Betrachter resp. seine bisherigen Orientierungen.

3. Damit kann zur Funktion des Rekurses auf den griechischen Gott Apoll übergegangen werden, der nicht nur als Sonnengott, sondern auch als »Gott der *Kunst*« in Erscheinung tritt und als solcher von Rilke inszeniert wird (vgl. Fricke 2000, S. 213), wobei gilt: »Es ist nicht der mythische Apollo, dessen Torso uns anblickt, sondern eine existentiell aufgipfelnde Idee des Kunstwerks.« (Bohrer 2015, S. 340) Im Zuge seiner imaginativen Verlebendigung verwandelt sich der Torso vom angeschauten Objekt zum aktiv Schauenden, was in den Schlussappell mündet. Relevant wird diesbezüglich, dass im antiken Tempel Apolls in Delphi die Inschrift »Erkenne dich selbst« angebracht war.[58] Zur Frage, warum ein Torso

58 Vgl. Braungart 2005, S. 235. Diese Zusatzinformation sollte der Arbeitsgruppe vorab an die Hand gegeben werden.

dem Gedicht zugrunde liegt, lassen sich die Ergebnisse mit denen der ersten Gruppe vernetzen: Gerade die fragmentarische Gestalt fordert zur Vervollständigung auf und liegt »der imaginäre[n] Restitution einer göttlichen Ganzheit im Medium der Poesie« (Braungart 2005, S. 233) zugrunde. Über dieses Füllen von ›Leerstellen‹ in der eigenen Vorstellungskraft vollzieht sich letztlich auch die Belebung des Torsos.

4. Die Begegnung mit dem antiken Torso sprengt Ordnungen und Gewissheiten. Auf inhaltlicher Ebene beginnt dies damit, dass der Torso »glüht« und so gewissermaßen zum Leben erwacht, sich zu bewegen und ein »Lächeln« auszusenden scheint. Es setzt sich fort im Bild des »aus allen seinen Rändern« brechenden Steines und mündet darin, dass der Betrachter zum Betrachteten wird: »denn da ist keine Stelle, / die dich nicht sieht«. Sprachlich korrelieren dem ungewöhnliche Wendungen (wie die vom »[R]eif[en]« der »Augenäpfel«), die Auflösung konventioneller syntaktischer Ordnungen (vgl. etwa das erste Terzett) oder zahlreiche Enjambements, die nicht nur mit der Vers- und Strophenstruktur brechen, sondern auch mit der des Sonetts: Erstes und zweites Quartett resp. Terzett gehen ineinander über. Ein letzter Bruch mit der metrischen und syntaktischen Ordnung findet sich dann im Schlussappell: Im Unterschied zum komplexen, oft hypotaktischen Satzbau mit seinen zahlreichen Enjambements braucht es nun nur einen sprachlich sehr schlicht gehaltenen Halbvers, der gerade in seiner Direktheit aufzurütteln sucht – und rezeptiv doch alle Freiheit mit Blick auf seine konkrete inhaltliche Füllung lässt (vgl. Habel 2014, S. 218). Mit dem Satzbau wird

zugleich das bisher vorherrschende Metrum gebrochen: Faktisch lassen sich die ersten vier Silben nur betont lesen. Sowohl die inhaltlichen als auch die sprachlichen Verfremdungselemente zielen darauf ab, den Leserinnen und Lesern – ganz wie der Sprechinstanz – eine ästhetisch begründete Erfahrung zu ermöglichen, die bisherige Gewissheiten in Frage stellt und eine Neuausrichtung des eigenen Denkens und Wahrnehmens impliziert.

Als Abschluss bietet sich ein zweiter Rekurs auf den Schlussappell an, so dass Veränderungen im Vergleich zur ersten offenen Runde sichtbar werden. Alle Arbeitsgruppen können aus ihren Perspektiven Relevantes dazu beitragen, zugleich ist mit dieser Fokussierung eine gute Überleitung zum Popsong PeterLichts gefunden. Dieser hat sich einen Namen nicht nur als Musiker gemacht (u. a. mit dem Sommerhit »Sonnendeck« aus dem Jahr 2001), sondern auch als Schriftsteller (u. a. mit dem Gewinn des 3sat-Preises und des Publikumspreises beim Ingeborg-Bachmann-Wettbewerb 2007). Der hier ausgewählte Song stammt vom 2011 erschienenen Album *Das Ende der Beschwerde*.

Das Ende der Beschwerde / Du musst dein Leben ändern

Du blickst in die Herde / und wartest / auf das Ende der Beschwerde / und denkst Dir: / Gesellschaft ist toll, / wenn nur all die Leute nicht wärn!

deinen Weg kann keiner kreuzen / deine Spuren verlieren sich im All ein sich weitendes All[59] / aus Tagen und Jahren / ein weites All / von Hibbeln und Gestörten / losgerissnen Astronauten / von Checkern und Empörten

Du / Du / Du / Du / Du und Dein Leben

Du / Du / Du / Du / Ihr beide müsst / Dein Leben ändern.

Du / Du / Du / Du / Du und dein Leben

Du / Du / Du / Du / Du musst / Dein Leben ändern

Deine Spuren verlieren sich im All / keine Echos / keine Blende zurück

kein Fortkommen ohne schweres Gerät / noch niemand kam aus der Zukunft zurück

Du blickst in die Herde / und wartest / auf das Ende der Beschwerde / und denkst Dir:[60] Gesellschaft ist toll, / wenn nur all die Leute nicht wärn!

Du / Du / Du / Du / Du und dein Leben

Du / Du / Du / Du / Ihr beide müsst / Dein Leben ändern.

59 Im abgedruckten Text des Booklets wurde hier ein kleines ›a‹ handschriftlich zu einem großen ›A‹ überschrieben.

60 In dieser Passage, die sonst die erste Strophe wörtlich wiederholt, fehlt der Versumbruch.

Du / Du / Du / Du / Du musst / Dein Leben ändern

Yeah Yeah Yeah Ahh / und wenn ich nur wüsste / welches Leben ich ändern müsste / und welches besser nicht

Du weißt es könnte / alles anders sein! / Du weißt es könnte ... / du weißt .... [sic] / es könnte / alles anders sein / ... du weißt ...

Keine Echos / keine Blende zurück / kein Fortkommen ohne schweres Gerät

Du blickst in die Herde / und wartest / auf das Ende der Beschwerde / und denkst Dir: Gesellschaft ist toll, / wenn nur all die Leute nicht wärn!

Du / Du / Du / Du / Du und dein Leben

Du / Du / Du / Du / Ihr beide müsst / Dein Leben ändern

Du / Du / Du / Du / Du musst / Dein Leben ändern

Yeah Yeah Yeah Ahh / und wenn ich nur wüsste / welches Leben ich ändern müsste / und welches besser nicht[61]

PeterLicht: Das Ende der Beschwerde. –
© Motor Music. 2011.

61 Der Text folgt den im Booklet abgedruckten Lyrics des Albums *Das Ende der Beschwerde*, Motor Music 2011. Versumbrüche sind durch Schrägstriche markiert.

PeterLichts Popsong verbindet mit Rilkes Sonett die im ästhetischen Diskurs aufgeworfene ethische Frage nach dem richtigen Leben. Sie wird allerdings fundamental verschieden beantwortet, wenn nicht sogar bereits unterschiedlich gestellt. Für den Unterricht bietet es sich an, alle drei medialen Inszenierungsformen des Songs, also die Lyrics, die musikalische Gestaltung und den Videoclip hinzuzuziehen. Mit letzterem kann gut begonnen werden, da er alle drei Medien, Sprache, Musik und Bild, verbindet[62] und die Inszenierung buchstäblich am augenfälligsten mit konventionalisierten Denk- und Wahrnehmungsmustern bricht. Zwar wird sich die Aufmerksamkeit der Schülerinnen und Schüler erfahrungsgemäß primär auf die Bildinszenierung und weniger auf Ton und Text richten. Dies ist im Kontext der skizzierten Unterrichtseinheit aber insofern unproblematisch, als eine eingehende Auseinandersetzung mit allen drei Medien noch folgt und insofern nichts ›verschenkt‹ wird.

Auffallen wird in einem freien Gespräch vermutlich zunächst, dass – im Gegensatz zu genretypischen Vorbildern, die Bands bei Liveauftritten oder im Studio abfilmen – die Köpfe der Musiker nicht ins Bild kommen, was nicht nur einen Rekurs auf den Torso Apollos bei Rilke ermöglicht, sondern zugleich Anknüpfungspunkte für die folgende Arbeit dahingehend gibt, als es die Frage nach Identität vor dem Hintergrund von Identitätsauflösungen stellt. Auch andere Elemente, wie das austretende Blut, die Gebisse, die

62 PeterLicht, »Das Ende der Beschwerde / Du musst dein Leben ändern«, Regie: Erik Sick, WEBVISION international & Scopitone Film 2011, online unter: www.youtube.com/watch?v=m7jzVfRUnOw (Stand: 16.1.2024).

vorübergehende Zerstörung der Instrumente oder die partielle Bild-Ton-Desynchronisation werfen weiterführende Fragen auf. Auf diese ersten Eindrücke wird am Ende noch zurückzukommen sein.

Im Folgenden können mit der Lerngruppe nach und nach einzelne Gestaltungsformen und -funktionen der jeweiligen Medien getrennt untersucht werden, bevor sie abschließend noch einmal aufeinander bezogen werden. Da Bild und Musik von Beginn an intermedial arbeiten, wird zunächst mit dem Text, den Lyrics begonnen. Rilkes Sonett kann immer wieder als Vergleichsfolie fungieren. Über die Leitfrage: »Was kennzeichnet das Ich bzw. dessen Sprechen im Song PeterLichts im Unterschied zu dem Sonett Rilkes?« werden erste Gemeinsamkeiten und Differenzen erschlossen, die sich im Verlauf vertiefen und aus denen sich weitere Fragen ableiten lassen. In beiden Texten konstituiert sich das Ich über das angesprochene Du; von Beginn an der Einheit mit sich selbst beraubt,[63] die es bei Rilke allerdings m. E. performativ dadurch wiedergewinnt, dass es dem Torso imaginär eine ebensolche verleiht. Anders bei PeterLicht: Der Riss, der sich durch das Ich zieht, ist unhintergehbar und findet Ausdruck etwa in der wiederholten, fast schon wie ein Stammeln wirkenden Anrede in der zweiten Person Singular oder den logischen Paradoxien im Refrain (»Du / Du / Du / Du / Du und dein Leben / Du / Du / Du / Du / Ihr beide müsst / Dein Leben ändern«).[64]

Ein sich anschließender Impuls: »Wie gestaltet sich das

63 Mit Blick auf Rilkes Sonett findet dies weiterhin Ausdruck darin, dass sich die Sprechinstanz zu Beginn nur über das kollektive »Wir« und folglich nicht individualisiert artikuliert.

64 Die Dissoziation und eigentliche Leere des Ichs wird durch die

Verhältnis des Ichs zur ›Herde‹?« bezieht dann die gesellschaftliche Ebene mit ein. Doch obwohl die Sprechinstanz »in die Herde« blickt, nimmt sie sich selbst nur im Modus der Vereinzelung wahr: »Gesellschaft ist toll, / wenn nur all die Leute nicht wärn! / deinen Weg kann keiner kreuzen / deine Spuren verlieren sich im All«. Das letzte Wort ist im Song mit starkem Nachhall unterlegt und sein Vokal wird im Gesang gedehnt; semantisch findet es im Text nicht nur als Raum-, sondern auch als Zeitmetapher Verwendung: »ein sich weitendes All / aus Tagen und Jahren«, in dem das Ich (bzw. dessen nur als fragmentarische, zusammenhanglose Aneinanderreihung von Zeitpunkten erfahrene Biographie) haltlos umhertreibt – und mit ihm die »Herde« von »Hibbeln und Gestörten / losgerissnen Astronauten / [...] Checkern und Empörten«, deren Teil es faktisch selbst ist. Eine abschließende Thematisierung der Gesamtstruktur des Textes, die einer Wiederholungsschleife mit Variationen gleicht, lenkt den Blick der Schülerinnen und Schüler auf die Gestaltungsform und lässt erkennen, dass es im Gegensatz zu Rilkes Sonett keine Entwicklung im Sprechen gibt, das Ich vielmehr buchstäblich in und um sich selbst kreist.

Im Anschluss wird auf die musikalische Gestaltung eingegangen – etwa indem die Schülerinnen und Schüler aufgefordert werden, Assoziationen diesbezüglich zu äußern. Im Gegensatz zu den Eindrücken, die der Videoclip vermittelt, dürfte die Musik als gefällig und melodiös empfunden werden, sie verstört nicht, fungiert als genretypisches Zitat

graphische Gestaltung im Booklet, wo jedes einzelne *Du* einen eigenen Vers bildet, noch stärker in den Fokus gerückt.

›leichter‹ Popmusik. Das Gespräch wird dann auf einzelne Details des Zusammenspiels von Ton und Text gelenkt, wie etwa die Funktion der Bridge: Sie trägt in ihrem fast schon hymnischen Gestus musikalisch wie sprachlich die Möglichkeit von Veränderung in den Song, verliert sich allerdings dann in Wiederholungen und bleibt nur im Irrealis ausformuliert: »Du weißt es könnte / alles anders sein! / Du weißt es könnte … / du weißt … / es könnte / alles anders sein / … du weißt …« Dieses letzte »du weißt« geht dann in Text und Ton recht unsanft über in »Keine Echos / keine Blende zurück / kein Fortkommen ohne schweres Gerät«. »[K]ein Fortkommen« an dieser Stelle folglich auch für den Song: In einer Wiederholungsschleife rekurriert er abermals auf die Eingangsstrophe. Und hier dominieren, ganz im Gegensatz zu den Verben der Bewegung und Dynamik in Rilkes Sonett, solche, die keine aktiven Handlungen kennzeichnen, sondern eher Passivität verkörpern und sich dem Melancholiediskurs zuordnen lassen: Das Ich blickt (weiter) »in die Herde«, wartet »auf das Ende der Beschwerde« und formuliert selbst eine solche, bevor es neuerlich in den erweiterten Refrain einstimmt, der den Rilke-Halbvers zitiert und an dessen Ende doch nur die eigene Ratlosigkeit steht.

Am Ende werden die Schülerinnen und Schüler aufgefordert, das Zusammenspiel von ›zuckriger‹ Popmusik einerseits und Isolation sowie Identitätsauflösung als Themen des Songtextes andererseits zu beschreiben. Zwar bedient PeterLicht das popmusikalische Spiel, wendet es in der Gegenläufigkeit des unterschiedlichen Einsatzes zweier Medien, Musik und Text, aber gewissermaßen gegen sich selbst. Die ›poppige‹ Leichtigkeit ist nur eine scheinbare.

Vor diesem Hintergrund bietet es sich nun an, auf die ersten Beobachtungen zurückzukommen und nun den Videoclip noch einmal einer genauen, aspektgeleiteten Analyse zu unterziehen, etwa in Form der Untersuchung semantischer Ordnungen: Einerseits dominiert eine künstlich-sterile Studioatmosphäre, der andererseits aber die Blutungen der Musiker und die Zerstörung der Instrumente entgegenstehen. Deutlich wird, dass wiederum etwas buchstäblich ›faul unter der Oberfläche‹ ist; auch deshalb, weil keine Interaktion zwischen den Bandmitgliedern stattfindet. In dem Zusammenhang kann die polyvalente, sich zwischen Ernst und Komik bewegende Funktion der Gebisse erörtert werden, deren Klappern etwa auf die Kieferbewegungen beim Singen anspielen, die Schönheit des Gesangs auf seine Körperlichkeit und folglich auf Tod und Verfall hin abbilden kann oder sich als Verweis lesen lässt auf die vom Text thematisierten, in der postmodernen Gesellschaft wirkenden Zerstörungskräfte, auf das zersetzende – und dabei zugleich grotesk-komische – Potential der unentwegten Beschwerde der »Herde«, auf deren Ende gewartet wird. Und schließlich wird deutlich, dass ganz ähnlich wie der Text auch die Videobilder mit logischen Brüchen, Paradoxien und Irritationen arbeiten, denn es gibt – jenseits der Tatsache des Auftauchens und Verschwindens der Gebisse – weder einen klar erkennbaren Grund für das Auseinanderlaufen von Tonspur und Bild noch für die sich im Verlaufe ereignenden Zerstörungen noch für deren Ende und die Wiedergewinnung der ›heilen‹ Welt am Schluss.

Im Rahmen einer abschließenden Vertiefung lassen sich diese Resultate nun in einen Bezug zu den Ergebnissen der Analyse der musikalischen Gestaltung und des Textes sowie ihres Zusammenspiels setzen. Das dritte Medium, die Videobilder, arbeitet einerseits mit ähnlichen Brüchen und Reibungen zur Musik wie diese ihrerseits zum Text. Dies wird für Schülerinnen und Schüler bereits am Beispiel des Auseinanderlaufens von Tonspur und Aufnahme im Videoclip erfahrbar, das zwischen Bild und Ton ein Verhältnis der Divergenz etabliert, welches wiederum auf die künstlerische Gemachtheit des Clips verweist. Hinsichtlich der Bild-Text-Bezüge ist das Zusammenspiel der Medien so angelegt, dass das Bild bestimmte Aussagen der Lyrics aufgreift (wie etwa die Frage von Identität in Gestalt der ausgesparten Köpfe oder der Verletzungen der Körper), sie zugleich aber auch weitertreibt und in andere Richtungen lenkt (vgl. etwa das Motiv der Gebisse).

Auf Basis dieser Reflexionen und der Arbeit mit dem ästhetischen Potential des Textes kann im Anschluss ein Transfer zur Lebenswelt der Schülerinnen und Schüler resp. zur Gegenwartsgesellschaft gelingen, und zwar auf drei Feldern:

- Der Popsong PeterLichts macht auf destruktive Prozesse aufmerksam, die sich hinter der Inszenierung eines schönen Scheins verbergen. Dies regt etwa zur Reflexion der Frage an, inwieweit verschiedene Formen der Selbstdarstellung in den Sozialen Medien dazu dienen können, die eigene innere Leere und Perspektivlosigkeit zu überdecken – oder inwieweit sich Schülerinnen und Schüler im Zuge sozialer Akzeptanz ggf. selbst einem Druck ausgesetzt sehen, etwas darstellen zu müssen, das sie eigentlich gar nicht sind. So spricht Benjamin Specht unter Rekurs auf ein Interview PeterLichts davon, dass

»wahre Freiheit darin bestünde, von seinem egoistischen Freiheits- und Selbstverwirklichungsdrang absehen zu können« (Specht 2012, S. 67).

- Hieraus geht die Frage der Gestaltung des Verhältnisses von Individuum und Gesellschaft hervor: Sowohl im Videoclip als auch in den Lyrics geraten die Folgen fehlender sozialer Kommunikation in den Blick, die das Streben nach individueller Selbstverwirklichung zeitigt. Wenn andere auf eine das eigene Ich rückbestätigende Spiegelfunktion reduziert werden, können sich ›Individualitäts- resp. Identitätsblasen‹ bilden, die das Individuum nur noch mit solchen Informationen konfrontieren, die von Beginn an seinem Selbst- und Weltbild entsprechen und den gesellschaftlichen Austausch erschweren.
- Schließlich kann PeterLichts Lied Schülerinnen und Schülern einen bewussteren Umgang mit popkultureller Kunst ermöglichen. Gerade weil der Song seine Künstlichkeit und Gemachtheit so deutlich ausstellt, kann dies einen distanzierten und reflektierten Blick auf solche Produktionen befördern, die im Gegensatz zu PeterLicht bewusst auf (vermeintliche) Authentizität setzen.

Die drei vorgestellten ›Gedichttandems‹ können jeweils für sich im Unterricht eingesetzt werden. Doch auch ihre Verbindung eröffnet die Möglichkeit, übergreifende Fragestellungen zu erschließen. So können die drei Paare etwa vergleichend daraufhin untersucht werden, wie in den jeweiligen Gedichten kulturelle Konzepte wie Subjektivität, Individualität verstanden bzw. auch infrage gestellt werden – und wie das Verhältnis von Individuum und Gesellschaft gestaltet ist. Weiterhin lassen sich die Gedichte unter der Frage diskutieren, welche Funktion übergeordneten kulturellen Diskursen der jeweiligen Zeit zukommt bzw. wie diese in Gedichten zugleich aufgegriffen, ggf. aber auch unterlaufen werden – und was sich hierüber an Aussagen für die Funktion von Lyrik bzw. Kunst in einer Gesellschaft ableiten lässt; auch mit Blick auf die Frage, was unsere Gegenwart diesbezüglich von historisch in der Vergangenheit liegenden Diskursen unterscheidet. Hieran anbindbar ist eine Aufarbeitung des ebenfalls unterschiedlich gedachten Verhältnisses von Ethik und Ästhetik, wie es eingangs dieses Kapitels kurz skizziert wurde.

7 Literaturhinweise

Albertsen, Leif Ludwig: Erstes Gebot Gottes: Genieße die Wirklichkeit. Eine Beschreibung von Brockes. In: Karl Richter (Hrsg.): Gedichte und Interpretationen. Bd. 2: Aufklärung und Sturm und Drang. Stuttgart: Reclam, 1983. S. 57–66.

Ammon, Frieder von / Petersdorff, Dirk von (Hrsg.): Lyrik/lyrics. Songtexte als Gegenstand der Literaturwissenschaft. Göttingen: Wallstein, 2019.

Ariès, Philippe: Geschichte der Kindheit. Übers. von Caroline Neubaur und Karin Kersten. München: dtv, ^{16}2007. S. 92.

Asmuth, Bernhard: Aspekte der Lyrik. Mit einer Einführung in die Verslehre. 7., erg. Aufl. Opladen: Westdeutscher Verlag, 1984.

Bahr, Hermann: Studien zur Kritik der Moderne. In: H. B.: Kritische Schriften in Einzelausgaben. Hrsg. von Claus Pias. Weimar: VDG, 2005.

Beitl, Richard: Untersuchungen zur Mythologie des Kindes [1933]. Hrsg. von Bernd Rieken und Michael Simon. Münster [u. a.]: Waxmann, 2007.

Benn, Gottfried: Probleme der Lyrik. In: G. B.: Probleme der Lyrik. Späte Reden und Vorträge. Mit einem Vorw. von Gerhard Falkner. Stuttgart: Klett-Cotta, 2011. S. 31–76.

Berg, Florian: Das Gedicht und das Nichts. Über Anthropologie und Geschichte im Werk Durs Grünbeins. Würzburg: Königshausen & Neumann, 2007.

Bernhardt, Sebastian: Literarästhetisches Lernen im Ausstellungsraum. Literaturausstellungen als außerschulische Lernorte für den Literaturunterricht. Bielefeld: transcript, 2023.

Bers, Anna: Die Angst vor Gedichten. Überlegungen und Vorschläge zu vier typischen Vorurteilen beim interpretierenden Umgang mit lyrischen Texten. In: Philologie im Netz. Beiheft 27 (2021) S. 77–92.

Bertram, Georg W.: Artikulierte Individualität. Was leisten Gedichte für die eigene Sprache? In: Anja Pompe (Hrsg.): Kind und Gedicht. Wie wir lesen lernen. Freiburg i. Br. / Berlin / Wien: Rombach, 2015. S. 33–43.

Bienek, Horst: Liebe und Schnee. In: Frankfurter Anthologie. Gedichte und Interpretationen. Bd. 9. Hrsg. v. Marcel Reich-Ranicki. Frankfurt a. M.: Insel, 1985. S. 234 f.

Bohrer, Karl Heinz: Das Erscheinen des Dionysos. Antike Mythologie und moderne Metapher. Berlin: Suhrkamp, 2015.

Bossong, Nora: Hinterhof. In: N. B.: Reglose Jagd. Gedichte. Lyrik Edition. Neue Ausgabe, Stiftung Niedersachsen. Bd. 25. Hrsg. von Heinz Kattner. Springe: zu Klampen, 2014. S. 8.

Braungart, Georg: Prägnante Momente: Rainer Maria Rilkes »Archaïscher Torso Apollos« und das Ende ästhetischer Beliebigkeit. In: Dieter Heimböckel / Uwe Werlein (Hrsg.): Der Bildhunger der Literatur. Festschrift für Gunter E. Grimm. Würzburg: Königshausen & Neumann, 2005. S. 229–236.

Brecht, Bertolt: Kurzer Bericht über 400 (vierhundert) junge Lyriker. In: B. B.: Werke. Große kommentierte Berliner und Frankfurter Ausgabe. Hrsg. von Werner Hecht. Bd. 21: Schriften 1: Schriften 1914–1933. Frankfurt a. M.: Suhrkamp, 1992. S. 191–193.

– Über reimlose Lyrik mit unregelmäßigen Rhythmen. In: B. B.: Werke. Große kommentierte Berliner und Frankfurter Ausgabe. Hrsg. von Werner Hecht. Bd. 22: Schriften 2: Schriften 1933–1942. Tl. 1. Frankfurt a. M.: Suhrkamp, 1993. S. 357–365.

Brentano, Clemens: Godwi oder Das steinerne Bild der Mutter. Ein verwilderter Roman. Hrsg. von Ernst Behler. Stuttgart: Reclam, 1995.

Brune, Carlo: »Aufräumarbeiten nach 100 Jahren Selbstverwirklichung«. PeterLichts popmusikalische Rilke-Rezeption in »Das Ende der Beschwerde / Du musst dein Leben ändern«. In: Johannes Odendahl (Hrsg.): Musik und literarisches Lernen. Innsbruck: iup, 2019. S. 162–181. Online unter: www.uibk.ac.at/iup/buch_pdfs/fachdidaktik_5/10.15203-3187-49-8-11.pdf (Stand: 16. 1. 2024).

– / Theilen, Ines: kommunikabel/inkommunikabel. Gegenwartslyrik im Deutschunterricht. In: C. B. / I. T. (Hrsg.): »Wellenritt in riffreicher Zone«. Gegenwartslyrik im Unterricht. Trier: WVT, 2019. S. 1–10.

– Literarästhetische Literalität. Literaturvermittlung im Spannungsfeld von Kompetenzorientierung und Bildungsideal. Bielefeld: transcript, 2020.

– Textnahes Lesen und »Praxis des Schreibens« (Roland Barthes). Der interlineare Lektürekommentar als Weg der Literaturvermittlung am Beispiel von Franz Kafka: »Ich bin zurückgekehrt…« (»Heimkehr«). In: Ingrid Barkow / Michael Gans / Roland Jost (Hrsg.): »Es ist eine alte Geschichte, doch bleibt sie immer neu« [H. Heine]. Begegnung(en) in und mit Literatur(en). Literaturdidaktische und literaturwissenschaftliche Aspekte. Baltmannsweiler: Schneider Hohengehren, 2020. S. 13–34.

Brunner, Horst: Lied 2. In: Jan-Dirk Müller (Hrsg.): Reallexikon der deutschen Literaturwissenschaft. Bd. 3. Berlin / New York: de Gruyter, 2007. S. 420–423.

Burdorf, Dieter: Einführung in die Gedichtanalyse. 2., überarb. und aktual. Aufl. Stuttgart: Metzler, 1997.

– Geschichte der deutschen Lyrik. Einführung und Interpretationen. Stuttgart: Metzler, 2015.

Butzemann (anonym). In: Heinz Rölleke (Hrsg.): Des Knaben Wunderhorn. Alte deutsche Lieder. Gesammelt von L. A. v. Arnim und Clemens Brentano. Tl. 3. Stuttgart [u. a.]: Kohlhammer, 1977 (= Clemens Brentano: Sämtliche Werke und Briefe. Hrsg. von Bd. 8). S. 314.

Campe, Rüdiger: Konversation, poetische Form und der Staat. In: David E. Wellbery [u. a.] (Hrsg.): Eine neue Geschichte der deutschen Literatur. Übers. von Christian Döring. Berlin: bup, 2007. S. 370–376.

Cloot, Julia: Kunstlied. In: Jan-Dirk Müller (Hrsg.): Reallexikon der deutschen Literaturwissenschaft. Bd. 3. Berlin / New York: de Gruyter, 2007. S. 363–366.

Demmer, Sybille: »Schnee fällt uns / Mitten ins Herz«. Naturbildlichkeit und Liebeserlebnis in Sarah Kirschs Gedicht »Die Luft riecht schon nach Schnee«. In: Walter Hinck (Hrsg.): Gedichte und Interpretationen. Bd. 6: Gegenwart I. Stuttgart: Reclam, 1982. S. 351–359.

Duhamel, Roland: Rilkes Gedicht »Archaïscher Torso Apollos«. In: Zeitschrift für Germanistik 11 (1990) H. 1. S. 21–25.

Eichendorff, Joseph von: Sehnsucht. In: J. v. E.: Sämtliche Werke. Historisch-kritische Ausgabe. Bd. 1,1: Gedichte. Hrsg. von Hilde Schulhof und August Sauer. Regensburg: Habbel, [1923]. S. 33 f.

Fick, Monika: Ästhetik des Hässlichen. In: Christian M. Hanna / Friederike Reents (Hrsg.): Benn-Handbuch. Leben – Werk – Wirkung. Stuttgart: Metzler, 2016. S. 297–299.

Fingerhut, Karlheinz: Kafka für die Schule. Berlin: Volk und Wissen, 1996.

– L-E-S-E-N: Fachdidaktische Anmerkungen zum »produktiven Literaturunterricht« in Schule und Hochschule. In: Michael Kämper-van den Boogaart (Hrsg.): Das Literatursystem der Gegenwart und die Gegenwart der Schule. Festschrift für Werner Schlotthaus zur Emeritierung. Baltmannsweiler: Schneider Hohengehren, 1997. S. 98–125.

– Didaktik der Literaturgeschichte. In: Klaus-Michael Bogdal / Hermann Korte (Hrsg.): Grundzüge der Literaturdidaktik. München: dtv, 2002. S. 147–165.

Fleming, Paul: Herrn Pauli Flemingi der Med. Doct. Grabschrifft [...]. In: Volker Meid (Hrsg.): Gedichte und Interpretationen. Bd. 1: Renaissance und Barock. Stuttgart: Reclam, 1982. S. 167.

Freud, Sigmund: Eine Schwierigkeit der Psychoanalyse. In: Imago 5 (1917) H. 1. S. 1–7.

Freudenberg, Ricarda / Lessing-Sattari, Marie (Hrsg.): Zur Rolle von Irritation und Staunen im Rahmen literarästhetischer Erfahrung. Theoretische Perspektiven, empiriebasierte Beobachtungen und praktische Implikationen. [...] Berlin/Bern/Wien: Peter Lang, 2020.

Freund, Winfried: Joseph von Eichendorff: »Sehnsucht«. In: W. F.: Deutsche Lyrik. Interpretationen vom Barock bis zur Gegenwart. München: Fink, 1990. S. 74–81.

Fricke, Harald: Gesetz und Freiheit. Eine Philosophie der Kunst. München: Beck, 2000.

Frühwald, Wolfgang: Die Poesie und der poetische Mensch. Zu Eichendorffs Gedicht »Sehnsucht«. In: Wulf Segebrecht (Hrsg.): Gedichte und Interpretationen. Bd. 3: Klassik und Romantik. Stuttgart: Reclam, 1984. S. 381–393.

Fuchs-Heinritz, Werner: Sozialer Tod. In: Héctor Wittwer / Daniel Schäfer / Andreas Frewer (Hrsg.): Handbuch Sterben und Tod. Geschichte – Theorie – Ethik. 2., aktual. und erw. Aufl. Stuttgart: Metzler, 2020. S. 155–158.

George, Stefan: Algabal. Paris/Lüttich: Vaillant-Carmanne [Drucker], 1892. Online unter: www.deutschestextarchiv.de/george_algabal_1892/18 (Stand: 16. 1. 2024).

Goethe, Johann Wolfgang: Die Leiden des jungen Werther. Hrsg. von Erich Trunz. München: dtv, [13]1994.

Greiffenberg, Catharina Regina von: Auf meinen bestürmeten Lebens-Lauff. In: C. R. v. G.: Geistliche Sonnette, Lieder und Gedichte zu Gottseeligem Zeitvertreib. Nürnberg: Endter, 1662. S. 58.

Grünbein, Durs: Den Teuren Toten. 33 Epitaphe. Frankfurt a. M.: Suhrkamp, 1994.

– Schädelbasislektion. Gedichte. Frankfurt a. M.: Suhrkamp, 1991.

Gryphius, Andreas: Abend. In: Der neue Conrady. Das große deutsche Gedichtbuch. Von den Anfängen bis zur Gegenwart. Erw. u. aktual.. Neuausg., 2. Aufl. Düsseldorf/Zürich: Artemis & Winkler, 2001. S. 167.

Gunia, Jürgen: Das Gedicht, die Zeit und der Rhythmus der Lektüre. Eine Annäherung in drei Schritten. In: Kritische Ausgabe 15 (2011) Nr. 21. S. 47–49.

– / Kremer, Detlef: Fenster-Theater. Teichoskopie, Theatralität und Ekphrasis im Drama um 1800 und in E. T. A. Hoffmanns »Des Vetters Eckfenster«. In: E. T. A. Hoffmann-Jahrbuch 9 (2001) S. 70–80.

Haas, Gerhard / Menzel, Wolfgang / Spinner, Kaspar H.: Handlungs- und produktionsorientierter Literaturunterricht. In: Praxis Deutsch 21 (1994) H. 123. S. 17–25.

Habel, Sabrina: Aporie des Ästhetischen – Rilkes »Archaïscher Torso Apollos«. In: Felix Christen [u. a.] (Hrsg.): Der Witz der Philologie. Rhetorik – Poetik – Edition. Festschrift für Wolfram Groddeck zum 65. Geburtstag. Basel/Frankfurt a. M.: Stroemfeld, 2014. S. 210–219.

Härle, Gerhard: »... und am Schluss weiß ich trotzdem nicht, was der Text sagt«. Grundlagen, Zielperspektiven und Methoden des Literarischen Unterrichtsgesprächs. In: Marcus Steinbrenner [u. a.] (Hrsg.): »Seit ein Gespräch wir sind und hören voneinander«. Das Heidelberger Modell des Literarischen Unterrichtsgesprächs in Theorie und Praxis. 2., korr. und erg. Aufl. Baltmannsweiler: Schneider Hohengehren, 2014. S. 29–65.

Heimböckel, Hendrick / Pavlik, Jennifer (Hrsg.): Ästhetisches Verstehen und Nichtverstehen. Aktuelle Zugänge in Literatur- und Mediendidaktik. Bielefeld: transcript, 2022.

Heller, Andreas / Wegleitner, Klaus: Sterben und Tod im gesellschaftlichen Wandel. In: Bundesgesundheitsblatt 60 (2017) H. 1. S. 11–17.

Henke, Ina: Lyrics übersetzend erschließen. Leonard Cohen im Deutschunterricht. In: Carlo Brune / Ines Theilen (Hrsg.): »Wellenritt in riffreicher Zone«. Gegenwartslyrik im Unterricht. Trier: WVT, 2019. S. 141–156.

Herrmann, Michael: Clemens Brentano (1778–1842): Sprich aus der Ferne. In: Andrea Geier / Jochen Strobel (Hrsg.): Deutsche Lyrik in 30 Beispielen. Paderborn: Fink, 2011. S. 92–102.

Heyde, David: Subjektkonstitution in der Lyrik Simon Dachs. Berlin / New York: de Gruyter, 2010.

Hinck, Walter: Stationen der deutschen Lyrik. Von Luther bis in die Gegenwart. 100 Gedichte mit Interpretationen. Göttingen: Vandenhoeck & Ruprecht, [2]2001.

Hochstadt, Christiane / Krafft, Andreas / Olsen, Ralph: Deutschdidaktik. Konzeptionen für die Praxis. 2., überarb. und erw. Aufl. 2015. Tübingen: Francke, 2015.

Hönig, Christoph: Neue Versschule. Paderborn: Fink, 2008.

Hoorn, Tanja van: Sonett. In: Einladung zur Literaturwissenschaft. Universität Duisburg-Essen 2009. Online unter: www.einladung-zur-literaturwissenschaft.de/indexd19d.html?option=com_content&view=article&id=288%3A6-3-sonett&catid=41%3Akapitel-6&Itemid=55 (Stand: 16. 1. 2024).

Iser, Wolfgang: Die Appellstruktur der Texte. In: Rainer Warning (Hrsg.): Rezeptionsästhetik. Theorie und Praxis. 4., unveränd. Aufl. München: Fink, 1994. S. 228–252.

Jacke, Christoph: Inszenierte Authentizität versus authentische Inszenierung: ein Ordnungsversuch zum Konzept Authentizität in Medienkultur und Popmusik. In: Dietrich Helms / Thomas Phleps (Hrsg.): Ware Inszenierungen. Performance, Vermarktung und Authentizität in der populären Musik. Bielefeld: Transcript, 2013. S. 71–95.

Jakobson, Roman: Was ist Poesie? [1934] In: R. J.: Poetik. Ausgewählte Aufsätze 1921–1971. Hrsg. von Elmar Holenstein und Tarcisius Schelbert. Frankfurt a. M.: Suhrkamp, 1979. S. 67–82.

– Linguistik und Poetik [1960]. In: R. J.: Poetik. Ausgewählte Aufsätze 1921–1971. Hrsg. von Elmar Holenstein und Tarcisius Schelbert. Frankfurt a. M.: Suhrkamp, 1979. S. 83–121.

Jander, Simon: »Die allmähliche Verfertigung der Gedanken beim Schreiben«. Heuristisches Schreiben zu Kafkas Kurzprosa in der Oberstufe. In: Literatur im Unterricht 13 (2012) H. 1. S. 43–56.

Jeßing, Benedikt / Köhnen, Ralph: Einführung in die Neuere deutsche Literaturwissenschaft. 4., aktual. und überarb. Aufl. Stuttgart: Metzler, 2017.

Kämmerlings, Richard: Peter Licht [sic] – der singende Kapitalismuskritiker. In: WELT.de (6. 11. 2011). Online unter: www.welt.de/kultur/musik/article13689615/Peter-Licht-der-singende-Kapitalismuskritiker.html (Stand: 16. 1. 2024).

Kämper-van den Boogaart, Michael: Textnahes Lesen. In: Volker Frederking [u. a.] (Hrsg.): Taschenbuch des Deutschunterrichts. Bd. 2: Literatur- und Mediendidaktik. Baltmannsweiler: Schneider Hohengehren, 2010. S. 271–282.

Kant, Immanuel: Beantwortung der Frage: Was ist Aufklärung? In: Berlinische Monatsschrift 4 (1784) H. 12. S. 481–494. Online unter: www.deutschestextarchiv.de/book/view/kant_aufklaerung_1784?p=17 (Stand: 16. 1. 2024).

Kemper, Hans-Georg: Deutsche Lyrik der frühen Neuzeit. Bd. 4: Barock-Humanismus. Tl. 2: Liebeslysrik. Tübingen: Niemeyer, 2006.

Kepser, Matthis / Abraham, Ulf: Literaturdidaktik Deutsch. Eine Einführung. 4., völlig neu bearb. und erw. Aufl. Berlin: Erich Schmidt, 2016. S. 179.

Kirsch, Sarah: Die Luft riecht schon nach Schnee. In: S. K.: Sämtliche Gedichte. München 2005. S. 132.

Kling, Thomas: Sprachinstallation 2. In: T. K.: Itinerar. Frankfurt a. M.: Suhrkamp, 1997. S. 15–26.

– Hermetisches Dossier. In: T. K.: Itinerar. Frankfurt a. M.: Suhrkamp, 1997. S. 51–58.

– Spracharbeit, Botenstoffe. Berliner Vortrag über das 17. Jahrhundert. In: T. K.: Botenstoffe. Köln: DuMont, 2001. S. 51–69.
– Working Song. In: T. K.: Werke in vier Bänden. Bd. 3: Hrsg. von Marcel Beyer [u. a.]. Frankfurt a. M. Suhrkamp, 2020. S. 224.
Korte, Hermann: Ein schwieriges Geschäft. Zum Umgang mit Literaturgeschichte in der Schule. In: Der Deutschunterricht 55 (2003) H. 6. S. 2–10.
Köster, Juliane / Spinner, Kaspar H.: Vergleichendes Lesen. In: Praxis Deutsch 29 (2002) H. 173. S. 6–15.
Kremer, Detlef: Frühromantische Theorie der Literatur. In: D. K.: E. T. A. Hoffmann. Leben – Werk – Wirkung. 2., erw. Aufl. Berlin / New York: de Gruyter, 2010. S. 47–57.
– / Kilcher, Andreas B.: Romantik. Lehrbuch Germanistik. 4., aktual. Aufl. Stuttgart: Metzler, 2015.
Kühlmann, Wilhelm: Sterben als heroischer Akt. Zu Paul Flemings »Grabschrifft«. In: Volker Meid (Hrsg.): Gedichte und Interpretationen. Bd. 1: Renaissance und Barock. Stuttgart: Reclam, 1982. S. 168–175.
Lamping, Dieter: Das lyrische Gedicht. Definitionen zu Theorie und Geschichte der Gattung. Göttingen: Vandenhoeck & Ruprecht, ^{3}2000.
Leubner, Martin / Saupe, Anja / Richter, Matthias: Literaturdidaktik. Berlin: Akademie, 2010. S. 102.
Logau, Friedrich von: Grabschrifft. In: F. v. L.: Salomons von Golaw Deutscher Sinn-Getichte Drey Tausend. Breslau: Kloßmann, 1654. S. 9. Online unter: www.deutschestextarchiv.de/logau_sinngetichte_1654/22 (Stand: 16. 1. 2024).
Löhr, Katja: Sehnsucht als poetologisches Prinzip bei Joseph von Eichendorff. Würzburg: Königshausen & Neumann, 2003.
Ludwig, Hans-Werner: Arbeitsbuch Lyrikanalyse. 5., erw. und aktual. Aufl. Tübingen/Basel: Francke, 2005.
Mauthner, Fritz: Beiträge zu einer Kritik der Sprache. 3 Bde. Ungekürzte Ausgabe. Frankfurt a. M. / Berlin / Wien: Ullstein, 1982.
Mayer, Johannes: Vergegenwärtigte Erfahrung. Zugänge zur Gegenwartslyrik in literarischen Gesprächen. In: Carlo Brune / Ines

Theilen (Hrsg.): »Wellenritt in riffreicher Zone«. Gegenwartslyrik im Unterricht. Trier: WVT, 2019. S. 41–54.

Meid, Volker: Einleitung. In: V. M. (Hrsg.): Gedichte und Interpretationen. Bd. 1: Renaissance und Barock. Stuttgart: Reclam, 1982. S. 9–20.

Müller, Karla: Grundlegende semantische Ordnungen erkennen. In: Anita Schilcher und Markus Pissarek (Hrsg.): Auf dem Weg zur literarischen Kompetenz. Ein Modell literarischen Lernens auf semiotischer Grundlage. Baltmannsweiler: Schneider Hohengehren, 2013. S. 87–104.

Nietzsche, Friedrich: Ueber Wahrheit und Lüge im aussermoralischen Sinne. In: F. N.: Sämtliche Werke. Kritische Studienausgabe in 15 Einzelbänden. Hrsg. von Giorgio Colli und Mazzino Montinari. Bd. 1: Die Geburt der Tragödie. Unzeitgemässe Betrachtungen. 2., durchges. Aufl. München: dtv, 1988. S. 873–890.

Odendahl, Johannes: Musik und literarisches Lernen. Intermediale Grundlagen und didaktische Perspektiven. In: J. O. (Hrsg.): Musik und literarisches Lernen. Innsbruck: iup, 2019. S. 17–34.

Olsen, Ralph: »Aber ist denn die Unverständlichkeit etwas so durchaus Verwerfliches und Schlechtes?« Anmerkungen zum literarischen Nichtverstehen. In: Daniela A. Frickel [u. a.] (Hrsg.): Kinder- und Jugendmedien im inklusiven Blick. Analytische und didaktische Perspektiven. Berlin/Bern/Wien: Peter Lang, 2020. S. 49–73.

Opitz, Martin: Buch von der deutschen Poeterey (1624). Hrsg. von Cornelius Sommer. Stuttgart: Reclam, 1970.

Paefgen, Elisabeth K.: Textnahes Lesen. 6 Thesen aus didaktischer Perspektive. In: Jürgen Belgrad / Karlheinz Fingerhut (Hrsg.): Textnahes Lesen. Annäherungen an Literatur im Unterricht. Baltmannsweiler: Schneider Hohengehren, 1998. S. 14–23.

– Textnahes Lesen und Rezeptionsdidaktik. In: Michael Kämper-van den Boogaart (Hrsg.): Deutschdidaktik. Leitfaden für die Sekundarstufe I und II. Berlin: Cornelsen, 2008. S. 199–215.

Paz, Octavio: Das Labyrinth der Einsamkeit. Essay. Übers. von Carl Heupel. Frankfurt a. M.: Suhrkamp, 1998.

Petersdorff, Dirk von: Geschichte der deutschen Lyrik. München: Beck, 2008.

Petzoldt, Leander: Kleines Lexikon der Dämonen und Elementargeister. München: Beck, [3]2003.

Pfäfflin, Sabine: Lyrik sprechgestalten und vertonen. Das Modellprojekt »wortklangräume«. In: Michael Gans / S. P. / Thomas Schmid (Hrsg.): Lyrik. Verstehen – verfassen – vermitteln. Baltmannsweiler: Schneider Hohengehren, 2018. S. 315–330.

Piaget, Jean: Urteil und Denkprozess des Kindes. Übers. von Herbert Christ. Düsseldorf: Schwann, 1972.

Poe, Edgar Allan: The Philosophy of Composition. In: E. A. P.: Critical Theory. The Major Documents. Hrsg. von Stuart und Susan F. Levine. Chicago [u. a.]: University of Illinois Press, 2009. S. 55–76.

Pompe, Anja: Vorwort. In: A. P. (Hrsg.): Kind und Gedicht. Wie wir lesen lernen. Freiburg i. Br. / Berlin / Wien: Rombach, 2015. S. 7–13.

Precht, Richard David: Wer bin ich – und wenn ja, wie viele? Eine philosophische Reise. München: Goldmann, 2007.

Probst, Peter: Kant. Bestirnter Himmel und moralisches Gesetz. Zum geschichtlichen Horizont einer These Immanuel Kants. Würzburg: Königshausen & Neumann, 1994.

Rickes, Joachim: »Man wird mich nennen hören« – Gedanken über Zeit, Sterben und Küssen bei Paul Fleming. Ein Beitrag zu Flemings 400. Geburtstag. [Leicht überarbeitete Fassung der Antrittsvorlesung an der Philosophischen Fakultät II der Humboldt-Universität zu Berlin am 3. Februar 2009.] S. 2 f. www.literatur.hu-berlin.de/de/ueberdasinstitut/mitarbeitende/derzeitige-institutsmitarbeiter-innen/derzeitige-institutsmitarbeiterinnen/1509672/grabschrift (Stand: 16. 1. 2024).

Rieken, Bernd / Simon, Michael: Warum wir Richart Beitls »Mythologie« von 1933 herausgeben. In: Richard Beitl: Untersuchungen zur Mythologie des Kindes. Hrsg. von B. R. und M. S. Münster [u. a.]: Waxmann, 2007. S. XI–XLIV.

Rilke, Rainer Maria: Abend. In: Der neue Conrady. Das große deutsche Gedichtbuch. Von den Anfängen bis zur Gegenwart. Erw. u. aktual. Neuausg., 2. Aufl. Düsseldorf/Zürich: Artemis & Winkler, 2001. S. 560.

Rilke, Rainer Maria: Archaïscher Torso Apollos. In: R. M. R.: Gedichte. Ausw. und Nachw. von Dietrich Bode. Erg. und aktual. Ausg. Stuttgart: Reclam, 2012. S. 138.

Rölleke, Heinz (Hrsg.): Des Knaben Wunderhorn. Alte deutsche Lieder. Gesammelt von L. A. v. Arnim und Clemens Brentano. Tl. 3. Stuttgart [u. a.]: Kohlhammer, 1977 (= Clemens Brentano: Sämtliche Werke und Briefe. Bd. 8). S. 314.

Rousseau, Jean-Jacques: Emile oder Über die Erziehung. Übers. von Eleonore Sckommodau und Martin Rang. Hrsg. von Tim Zumhof. Stuttgart: Reclam, 2019.

– Vom Gesellschaftsvertrag oder Grundsätze des Staatsrechts. In Zusammenarbeit mit Eva Pietzcker übers. und hrsg. von Hans Brockard. Bibl. erg. Ausg. Stuttgart: Reclam, 2020.

Sautermeister, Gert: Rilke in Paris. Kulturgeschichte und Ästhetik im »Archaischen [sic] Torso Apollos« und im »Panther«. In: Wolfgang Fink / Ingrid Haag / Katja Wimmer (Hrsg.): Frankreich-Deutschland: Transkulturelle Perspektiven. Literatur, Kunst und Gesellschaft. Festschrift für Karl Heinz Götze. […] Frankfurt a. M.: Lang, 2013. S. 235–255.

Schilcher, Anita / Dürr, Susanne: Überstrukturierung poetischer Texte: Metrik, Rhetorik, Mythologie. In: A. S. / Markus Pissarek (Hrsg.): Auf dem Weg zur literarischen Kompetenz. Ein Modell literarischen Lernens auf semiotischer Grundlage. Baltmannsweiler: Schneider Hohengehren, 2013. S. 105–134.

Schneider, Florian: Im Brennpunkt der Schrift. Die Topographie der deutschen Idylle in Texten des 18. Jahrhunderts. Würzburg: Königshausen & Neumann, 2004.

Siekmann, Andreas: VIII. »Altern, Tod«. In: A. S. (Hrsg.): Motivgleiche Gedichte. Für die Sekundarstufe. Stuttgart: Reclam, 1998. S. 91–104.

Šklovskij, Viktor: Kunst als Verfahren. In: Jurij Striedter (Hrsg.): Texte der russischen Formalisten. Bd. 1.: Texte zur allgemeinen Literaturtheorie und zur Theorie der Prosa. München: Fink, 1969. S. 2–35.

Specht, Benjamin: »Gute Nachrichten aus dem Funkloch«. Autorfiktion, Gegenwartskritik und Utopie bei PeterLicht. In: Thorsten Schüller / Sascha Seiler (Hrsg.): Hidden Tracks. Das Verborgene,

Vergessene und Verschwundene in der Popmusik. Würzburg: Königshausen & Neumann, 2012. S. 61–80.

Spinner, Kaspar H.: Zur Struktur des lyrischen Ich. Frankfurt a. M.: Akademische Verlagsgesellschaft, 1975.

– Sokratisches Lehren und die Dialektik der Aufklärung. Zur Kritik des fragend-entwickelnden Unterrichtsgesprächs. In: Diskussion Deutsch 23 (1992) H. 126. S. 309–321.

– Literarisches Lernen. In: Praxis Deutsch 33 (2006) H. 200. S. 6–16.

Stein, Gertrude: Sacred Emily. In: G. S.: Geography and plays. Boston, Massachusetts: The Four Seas Company, 1922. S. 178–189.

– Rooms; Poetry and Grammar; Saving the Sentence: A Special APR Supplement. In: The American Poetry Review 36 (2007) H. 1. S. 25–33.

Steinbrenner, Marcus / Wiprächtiger-Geppert, Maja: Verstehen und Nicht-Verstehen im Gespräch. Das Heidelberger Modell des Literarischen Unterrichtsgesprächs. In: Leseforum CH 3 (2010) S. 1–15. Online unter: www.leseforum.ch/myUploadData/files/2010_3_steinbrenner_wipraechtiger.pdf (Stand: 16. 1. 2024)

Thalmayr, Andreas [i. e. Hans Magnus Enzensberger]: Lyrik nervt! Erste Hilfe für gestreßte Leser. München/Wien: Hanser, 2004.

Trilcke, Peer: Historisches Rauschen. Das geschichtslyrische Werk Thomas Klings. Dissertation Universität Göttingen, 2012. Online unter: https://ediss.uni-goettingen.de/handle/11858/00-1735-0000-0006-AEDE-3 (Stand: 16. 1. 2024).

Velte, Laura: Sepulkralsemiotik. Grabmal und Grabinschrift in der europäischen Literatur des Mittelalters. Tübingen: Narr Francke Attempto, 2021.

Velten, Hans Rudolf: Performativitätsforschung. In: Jost Schneier (Hrsg.): Methodengeschichte der Germanistik. Berlin / New York: de Gruyter, 2009. S. 549–572.

Vogt, Jochen: Einladung zur Literaturwissenschaft. Mit einem Vertiefungsprogramm im Internet. 7., erw. und aktual. Aufl. Paderborn: Fink, 2016.

Vormbaum, Ulrich: Hinterhof. In: Fachdidaktik Deutsch Vormbaum. Online unter: www.vormbaum.net/index.php/gedichte/389 (Stand: 16. 1. 2024).

Waldmann, Günter: Produktiver Umgang mit Lyrik. Eine systematische Einführung in die Lyrik, ihre produktive Erfahrung und ihr Schreiben. 7., korr. Aufl. Baltmannsweiler: Schneider Hohengehren, 2001.

– Produktiver Umgang mit Literatur im Unterricht. Grundriss einer produktiven Hermeneutik. Theorie – Didaktik – Verfahren – Modelle. 5., unveränd. Aufl. Baltmannsweiler: Schneider Hohengehren, 2006.

Weber, Anne: Annette, ein Heldinnenepos. Berlin: Matthes & Seitz, 2020.

Wichern, [Johann Hinrich] (Hrsg.): Unsere Lieder. Hamburg: Agentur des Rauhen Hauses, [5]1877. S. 31 (Nr. 31). Zit. nach: Populäre und traditionelle Lieder. Historisch-kritisches Liederlexikon (2012). www.liederlexikon.de/lieder/es_tanzt_ein_bi_ba_butzemann/editionc (Stand 12. 1. 2024).

Widmaier, Tobias: Es tanzt ein Bi-Ba-Butzemann. In: Populäre und traditionelle Lieder. Historisch-kritisches Liederlexikon (2012). www.liederlexikon.de/lieder/es_tanzt_ein_bi_ba_butzemann/ (Stand: 12. 1. 2024).